JN400310

2025년도 제36회 시험대비 THE LAST 모의고사
이영섭 부동산학개론

회차	문제수	시험과목
1회	40	부동산학개론

수험번호		성명	

【수험자 유의사항】

1. 시험문제지의 **총면수**, **문제번호**, **일련순서**, **인쇄상태** 등을 확인하시고, 문제지 표지에 수험번호와 성명을 기재하시기 바랍니다.
2. 답은 각 문제마다 요구하는 **가장 적합하거나 가까운 답 1개**만 선택하고, 답안카드 작성 시 시험문제지 **마킹착오**로 인한 불이익은 전적으로 **수험자에게 책임**이 있음을 알려드립니다.
3. 답안카드는 국가전문자격 공통 표준형으로 문제번호가 1번부터 125번까지 인쇄되어 있습니다. 답안 마킹 시에는 반드시 **시험문제지의 문제번호와 동일한 번호**에 마킹하여야 합니다.
4. **감독위원의 지시에 불응하거나 시험시간 종료 후 답안카드를 제출하지 않을 경우** 불이익이 발생할 수 있음을 알려드립니다.
5. 시험문제지는 시험 종료 후 가져가시기 바랍니다.
6. 답안작성은 **시험시행일 현재 시행되는 법령 등**을 적용하시기 바랍니다.
7. 가답안 의견제시에 대한 개별회신 및 공고는 하지 않으며, **최종 정답 발표로 갈음**합니다.
8. 시험 중 **중간 퇴실은 불가**합니다. 단, 부득이하게 퇴실할 경우 **시험 포기각서 제출 후 퇴실은 가능**하나 **재입실이 불가**하며, **해당시험은 무효처리됩니다.**

박문각은 여러분의 제36회 공인중개사 시험 합격을 진심으로 응원합니다!

박문각 공인중개사

부동산학개론

1. 부동산의 특성에 관한 설명으로 옳은 것은?

① 영속성으로 인하여 토지에는 경제적 감가가 발생하지 않는다.
② 부증성으로 인해 토지의 물리적 공급은 완전탄력적이 되며, 공급곡선은 수평선이 된다.
③ 토지는 인위적으로 분할 또는 합병하여 이용할 수 없다.
④ 지리적 위치의 고정성으로 인하여 토지시장은 국지(局地)화되며, 지역분석의 필요성이 증대된다.
⑤ 토지는 영속성이 있으므로 일반 재화에 비해 관리의 중요성이 낮은 편이다.

2. 부동산의 개념에 관한 설명으로 틀린 것은?

① 협의의 부동산에 준부동산을 합쳐 광의의 부동산이라고 한다.
② 토지와 건물이 마치 하나의 결합된 상태로 다루어져 부동산 활동의 대상으로 인식될 때 이를 복합부동산이라 한다.
③ 권원에 의하여 타인의 토지에서 재배되고 있는 농작물은 토지의 일부로 간주된다.
④ 토지의 소유권은 정당한 이익 있는 범위 내에서 토지의 상·하에 미친다.
⑤ 주변의 토지 이용상황에 따라 결정되는 위치를 경제적 위치(상대적 위치)라고 한다.

3. 토지관련 용어 설명으로 옳게 연결된 것은?

> ㄱ. 주거·상업·공업용지 등의 용도로 이용되고 있거나 이용할 목적으로 조성된 트지
> ㄴ. 자연적·행정적 조건에 따라 다른 토지와 구별되는 가격수준이 비슷한 일단의 토지
> ㄷ. 건축법령에 의한 건폐율 등의 제한으로 인해 필지 내에 비어있는 토지
> ㄹ. 지가의 공시를 위해 선정된 가치형성요인이 같거나 유사한 일단의 토지

① ㄱ: 택지, ㄴ: 획지, ㄷ: 공지, ㄹ: 표준지
② ㄱ: 택지, ㄴ: 필지, ㄷ: 공지, ㄹ: 표준지
③ ㄱ: 택지, ㄴ: 필지, ㄷ: 나지, ㄹ: 표본지
④ ㄱ: 나지, ㄴ: 획지, ㄷ: 나지, ㄹ: 표본지
⑤ ㄱ: 나지, ㄴ: 필지, ㄷ: 공지, ㄹ: 표준지

4. 부동산 시장의 수요곡선을 좌측(좌하향)으로 이동하게 하는 수요변화요인에 해당하는 것은?(단, 수요곡선은 우하향하고, 해당 부동산은 정상재이며, 다른 조건은 동일함)

① 해당 부동산 가격의 상승
② 보완재 수요량의 감소
③ 대체재 수요량의 감소
④ 보완재 가격의 하락
⑤ 대체재 가격의 상승

5. A지역 아파트 시장의 단기공급함수는 $Q = 500$, 장기공급함수는 $Q = P + 200$이고, 수요함수는 장단기 동일하게 $Q = 800 - \frac{1}{2}P$이다. 이 아파트 시장이 단기에서 장기로 변화할 때 아파트 시장의 균형가격(ㄱ)과 균형수량(ㄴ)의 변화는?(단, P는 가격이고 Q는 수급량이며, 다른 조건은 일정하다고 가정함)

① ㄱ: 50 하락, ㄴ: 50 증가
② ㄱ: 50 하락, ㄴ: 100 증가
③ ㄱ: 200 하락, ㄴ: 50 증가
④ ㄱ: 200 상승, ㄴ: 50 증가
⑤ ㄱ: 200 하락, ㄴ: 100 증가

6. 아파트 시장의 균형가격과 균형거래량에 관한 설명으로 옳은 것은?(단, 완전탄력적과 완전비탄력적 조건이 없는 경우는 수요와 공급의 법칙에 따르며, 다른 조건은 동일함)

① 수요의 증가폭이 공급의 증가폭보다 작을 경우, 균형가격은 상승하고 균형거래량은 증가한다.
② 균형상태인 아파트 시장에서 건축원자재의 가격이 하락하면 균형가격은 하락하고 균형거래량은 증가한다.
③ 공급이 가격에 대해 완전탄력적인 경우, 수요가 증가하면 균형가격은 변하지 않고 균형거래량은 감소한다.
④ 공급이 가격에 대해 완전비탄력적인 경우, 수요가 증가하면 균형가격은 불변하고 균형거래량은 증가한다.
⑤ 공급의 감소폭이 수요의 감소폭보다 클 경우, 균형가격은 하락하고 균형거래량은 감소한다.

7. 오피스텔 시장에서 수요의 가격탄력성은 0.6이고, 소득탄력성은 0.5이며 오피스텔의 대체재인 아파트 가격에 대한 오피스텔 수요의 교차탄력성은 0.4이다. 오피스텔 가격, 소득, 아파트 가격이 각각 10%씩 하락한다면 오피스텔 전체 수요량의 변화율은?(단, 오피스텔과 아파트 모두 정상재이고, 수요의 가격탄력성은 절댓값으로 나타내며, 다른 조건은 동일함)

① 2% 증가　② 3% 증가　③ 2% 감소
④ 3% 감소　⑤ 4% 감소

8. 부동산 경기변동에 관한 설명으로 옳은 것은?

① 6.28 부동산 대책으로 인하여 건설경기가 회복기에 접어들었다면 이는 계절적 변동에 해당한다.
② 디플레이션(deflation)이란 불황과 물가상승이 동시에 나타나는 현상이다.
③ 부동산 경기가 하락국면일 경우, 직전에 거래된 거래사례가격은 현재 시점에서 새로운 거래가격의 하한이 되는 경향이 있다.
④ 부동산 경기는 일반경기와 같이 일정한 주기와 동일한 진폭으로 규칙적이고 안정적으로 반복되며 순환된다.
⑤ 후퇴시장 국면에 진입하면 기존의 매도자 주도시장이 매수자 주도시장으로 전환된다.

9. 지대이론에 관한 설명으로 틀린 것은?

① 리카도(D. Ricardo)는 토지마다 다른 비옥도의 차이와 생산요소 투입에 따라 한계생산성이 줄어드는 수확체감현상을 강조하였다.
② 차액지대설에 의하면 토지는 비옥도에 따라 우등지, 열등지 등으로 구분할 수 있다.
③ 헤이그(R. M. Haig)의 마찰비용에 따르면 교통비와 지대의 관계는 정비례 관계이다.
④ 마르크스(K. Marx)에 따르면 지대는 토지소유자가 갖는 독점적 지위인 토지에 대한 소유에 따라 발생한다.
⑤ 준지대는 토지 이외의 고정생산요소에 귀속되는 소득으로서 일시적으로 발생한다.

10. 레일리(W. Reilly)의 소매중력모형에 따라 C신도시의 소비자가 A도시와 B도시에서 소비하는 월 추정소비액은 각각 얼마인가?(단, C신도시의 인구는 전부 소비자이며 A도시와 B도시에서만 구매를 하는 것으로 가정함)

- A도시 인구 : 80,000명
- B도시 인구 : 100,000명
- C신도시 : A도시와 B도시 사이에 위치
- A도시와 C신도시 간의 거리 : 4km
- B도시와 C신도시 간의 거리 : 5km
- C신도시 소비자의 월 추정소비액 : 18억원

① A도시 : 10억원, B도시 : 8억원
② A도시 : 9억원, B도시 : 9억원
③ A도시 : 8억원, B도시 : 10억원
④ A도시 : 7억원, B도시 : 11억원
⑤ A도시 : 6억원, B도시 : 12억원

11. 컨버스(P. D. Converse)의 분기점 모형에 기초할 때, A시와 B시의 상권 경계지점은 A시로부터 얼마만큼 떨어진 지점인가?

- A와 B는 동일 직선상에 위치하고 있다.
- A시 인구 : 24만명
- B시 인구 : 6만명
- A시와 B시 사이의 직선거리 : 15km

① 5km　② 6km　③ 8km
④ 10km　⑤ 12km

12. 입지이론에 관한 다음의 설명 중 옳게 설명된 것을 모두 고르면?

ㄱ. 크리스탈러(W. Christaller)에 의하면 중심지란 배후지에 의해 재화와 서비스를 제공받는 지역을 의미한다.
ㄴ. 레일리(J. W. Reilly)는 소비자가 점포를 결정할 때는 실측거리, 시간거리, 매장규모뿐만 아니라 효용을 고려한다고 보았다.
ㄷ. 뢰쉬는(A. Lösch)는 공장입지 선정에 있어 수요자 관점에서 시장의 확대가능성을 중시하였다.
ㄹ. 공간균배의 원리에 의하면 집재성(集在性) 점포란 외곽보다는 도심입지가 유리한 유형의 점포이다.

① ㄷ　② ㄱ, ㄴ　③ ㄴ, ㄹ
④ ㄴ, ㄷ　⑤ ㄱ, ㄹ

13. 도시내부구조이론에 관한 설명으로 틀린 것은?

① 버제스(E. W. Burgess)에 따르면 도시는 생태학적 변화과정인 침입, 경쟁, 천이 과정을 거치면서 총 5개 지구로 구분된다.

② 동심원이론에 따르면 점이지대는 도시발달의 최외곽지대에 형성되는 불량주택지대를 의미한다.

③ 호이트(H. Hoyt)에 따르면 고소득자는 지대지불능력이 높기 때문에 교통축을 따라 외곽에 위치하게 된다.

④ 해리스(C. D. Harris)와 울만(E. L. Ullman)은 기존의 동심원이론과 선형이론을 결합한 다핵심이론을 주장하였다.

⑤ 다핵심이론에 따르면 유사활동 간 집적이익이 발휘되는 시설들은 서로 응집해서 입지하는 것이 유리하다.

14. 부동산관련 조세는 과세주체 또는 과세권자에 따라 국세와 지방세로 구분된다. 이 기준에 따라 동일한 유형으로 분류된 것을 고르면?

ㄱ. 취득세	ㄴ. 상속세
ㄷ. 증여세	ㄹ. 종합부동산세
ㅁ. 등록면허세	ㅂ. 종합소득세
ㅅ. 부가가치세	ㅇ. 재산세

① ㄱ, ㄴ, ㄷ　② ㄱ, ㄷ, ㄹ　③ ㅁ, ㅂ, ㅅ
④ ㅂ, ㄴ, ㅇ　⑤ ㄱ, ㅁ, ㅇ

15. 현재 우리나라에서 시행되고 있는 제도와 그 시행 법률이 옳게 묶인 것을 모두 고르면?

ㄱ. 토지거래허가구역의 지정
「토지거래 허가 등에 관한 법률」
ㄴ. 부동산실명제
「부동산 실권리자명의 등기에 관한 법률」
ㄷ. 토지은행제
「공공토지비축에 관한 법률」
ㄹ. 개발부담금제
「재건축 초과이익 환수에 관한 법률」
ㅁ. 분양가상한제
「주택법」

① ㄱ, ㄴ, ㄷ　② ㄱ, ㄹ, ㅁ　③ ㄴ, ㄷ, ㅁ
④ ㄴ, ㄷ, ㄹ　⑤ ㄷ, ㄹ, ㅁ

16. 다음 중 부동산 시장과 부동산 정책에 관한 설명으로 옳은 것은?

① 전월세상한제와 개발부담금제도는 정부가 간접적으로 부동산 시장에 개입하는 정책수단이다.

② PIR(Price to Income Ratio)이 높을수록 가구의 주거비 부담능력이 높아진다.

③ 개발행위허가제와 택지소유상한제는 현재 시행되고 있는 제도이다.

④ 정(+)의 외부효과를 유발하는 재화나 공공재는 모두 시장에서 적정량 이하로 공급되는 문제를 초래할 수 있다.

⑤ 부동산 정책이 자원배분의 비효율성을 오히려 악화시키는 것을 시장실패라 한다.

17. 부동산 정책과 관련된 설명으로 틀린 것은?

ㄱ. 개별주택 및 공동주택 가격의 공시기준일이 6월 1일인 경우도 있다.
ㄴ. 개별공시지가의 공시, 취득세의 부과는 모두 정부의 간접적 개입수단이다.
ㄷ. 건축법령상 숙박시설 중 생활숙박시설은 주택법령상 준주택에 해당한다.
ㄹ. 전월세상한제는 주택시장에서 과잉공급을 초래할 수 있다.
ㅁ. 주거급여나 주택바우처 제도는 저소득층의 주거의 질을 개선시킬 수 있다.

① ㄷ, ㄹ　② ㄴ, ㄷ, ㄹ　③ ㄱ, ㄴ, ㄹ
④ ㄱ, ㄷ, ㅁ　⑤ ㄷ, ㄹ, ㅁ

18. 부동산 정책과 관련된 설명으로 옳은 것은?

① 택지개발, 단지개발, 산업입지의 개발, 민자유치사업 등은 모두 재개발에 해당한다.

② 개발부담금은 개별공시지가를 기준으로 부과하며, 정부의 간접적 개입수단에 해당한다.

③ 종합부동산세가 개발이익환수제보다 먼저 도입되었다.

④ 도시의 자연환경 경관・산림 및 녹지공간 보전을 위해 생산녹지지역을 지정한다.

⑤ 자연환경, 수자원, 해안, 생태계, 상수원 및 문화재의 보전과 수산자원의 보호・육성을 위해 도시지역 내에서 자연환경보전지역을 지정하고 있다.

19. 자본시장에서 이자율이 연 8%로 결정되어 있고, 부동산 투자자들이 부동산의 위험과 유동성 제약에 대해 연 3%의 수익률 프리미엄을 요구한다고 하자. 세금을 전혀 고려하지 않을 때, 매년 4%씩 가격이 상승하는 부동산의 임대료 연 수익률(투자액 대비 순운영수입의 비율)은 최소 얼마가 되어야 투자가치가 있는가?

① 1% ② 5% ③ 7%
④ 10% ⑤ 15%

20. 부동산투자이론에 관한 설명으로 틀린 것을 모두 고르면?

ㄱ. 요구수익률이 기대수익률보다 낮으면 투자 타당성이 없다고 판단한다. ㄴ. 포트폴리오를 구성하더라도 체계적 위험은 피할 수 없다. ㄷ. 두 개별자산으로 구성된 포트폴리오에서 위험제거 효과를 극대화하려면 상관계수가 양수인 것보다는 음수인 것이 유리하다. ㄹ. 변동계수(변이계수)는 투자 수익률을 표준편차로 나누어 산정한다.

① ㄱ ② ㄴ, ㄷ ③ ㄱ, ㄹ
④ ㄴ, ㄷ, ㄹ ⑤ ㄱ, ㄴ, ㄹ

21. 다음의 조건을 가진 오피스텔의 대부비율(LTV)은?(단, 연간 기준이며, 주어진 조건에 한함)

• 순영업소득 : 4,500만원 • 부동산 가치 : 10억원 • 부채감당률 : 1.5 • 저당상수 : 0.1

① 30% ② 40% ③ 50%
④ 60% ⑤ 80%

22. 부동산 투자분석에 관한 설명으로 옳은 것은?

① 저당상수는 미래에 사용할 금액을 적립하기 위한 매월의 적립금을 계산하는 데 사용한다.
② 잔금비율은 저당대출액에 대한 상환된 원리금의 비율을 의미한다.
③ 감채기금계수는 원리금균등분할상환시 융자금액에 대한 월불입액을 계산하는 데 사용한다.
④ 세전현금흐름은 순영업소득에서 부채서비스액(debt service)을 차감하여 계산한 지분투자액에 대한 대가이다.
⑤ 순소득승수법은 화폐의 시간가치를 고려한 투자분석기법이다.

23. 부동산 투자분석기법에 대한 설명으로 <u>틀린</u> 것은?

① 순현재가치(NPV)법이란 장래 현금흐름을 적절한 할인율로 할인하여 현재가치로 환산하고 이를 통하여 투자의사결정에 이용하는 기법이다.
② 수익성지수(PI)는 투자로 인해 발생하는 현금유입의 현재가치를 현금유출의 현재가치로 나눈 비율이다.
③ 순현가법(NPV)과 수익성지수법(PI)의 할인율은 동일하지만, 투자 채택기준은 서로 다르다.
④ 내부수익률(IRR)은 투자로부터 발생하는 미래의 현금흐름의 순현재가치를 0으로 만드는 할인율을 의미한다.
⑤ 요구수익률을 산정할 때 위험할증률의 추계는 투자기간의 결정 및 현금수지에 대한 예측 이전에 이루어져야 한다.

24. 비율분석법을 이용하여 산출한 것으로 <u>틀린</u> 것은?(단, 주어진 조건에 한하며, 연간 기준임)

• 주택담보대출액 : 2억원 • 담보대출의 연간 원리금상환액 : 2천만원 • 부동산 가치 : 5억원 • 차입자의 연소득 : 6천만원 • 가능총소득 : 1억원 • 공실손실상당액 및 대손충당금 : 가능총소득의 20% • 영업경비 : 가능총소득의 50%

① 부채감당률(DCR) = 1.5
② 채무불이행률(DR) = 66.6%
③ 총부채상환비율(DTI) = 33.3%
④ 부채비율(debt ratio) = 66.6%
⑤ 영업경비비율(OER, 유효총소득 기준) = 62.5%

25. 주택금융의 상환방식에 관한 설명으로 옳은 것은?(다른 조건은 일정하다고 가정함)

① 만기일시상환방식은 만기 때까지 원금상환이 이루어지지 않기에 매월 내는 이자는 감소한다.
② 원금균등분할상환방식은 원리금균등분할상환방식에 비해 대출 초기에 원리금 지급액이 더 작은 편이다.
③ 원리금균등분할상환방식은 매기의 대출원리금이 동일하고, 대출 초기에는 원금상환 부분이 크고 이자지급 부분이 작다.
④ 점증상환방식은 만기일시상환방식에 비해 대출금융기관의 이자수입이 높은 편이다.
⑤ 원금균등분할상환방식이나 원리금균등분할상환방식에서 거치기간을 별도로 정할 수 있다.

26. 부동산투자회사법령상 부동산투자회사에 관한 내용으로 틀린 것은?

① 부동산투자회사는 부동산 등 자산의 운용에 관하여 회계처리를 할 때에는 국토교통부가 정하는 회계처리기준에 따라야 한다.

② 자산관리회사를 설립하려는 자는 자기자본이 70억원 이상이어야 한다.

③ 부동산투자회사의 상근 임원은 다른 회사의 상근 임직원이 되거나 다른 사업을 하여서는 아니 된다.

④ 위탁관리 부동산투자회사는 자산의 투자·운용업무는 자산관리회사에 위탁하여야 하고, 주식발행업무 및 일반적인 사무는 대통령령으로 정하는 요건을 갖춘 기관에 위탁하여야 한다.

⑤ 영업인가를 받거나 등록을 한 날부터 최저자본금준비기간이 지난 자기관리 부동산투자회사의 최저자본금은 70억원 이상이 되어야 한다.

27. 부동산 금융에 관한 설명으로 틀린 것을 모두 고른 것은?

ㄱ. 역모기지(reverse mortgage)는 시간이 지남에 따라 잔액이 늘어나는 구조이다. ㄴ. 부채금융은 타인자본을 조달하는 방법으로서 저당담보부증권(MBS), 조인트벤처(joint venture) 등이 있다. ㄷ. 공인회계사로서 해당 분야에 3년 이상 종사한 사람은 자기관리리츠(REITs)에 상근하는 자산운용인력으로 활동할 수 있다. ㄹ. 이자율 하락에 따른 위험을 감안하여 금융기관은 대출기간 중 조기상환을 금지하는 기간을 설정하고, 위반시에는 위약금으로 조기상환수수료를 부과하기도 한다.

① ㄱ, ㄴ ② ㄴ, ㄷ ③ ㄱ, ㄹ
④ ㄷ, ㄹ ⑤ ㄱ, ㄴ, ㄷ, ㄹ

28. 프로젝트 금융에 관한 설명으로 틀린 것은?

① 프로젝트 사업주는 기업 또는 개인뿐만 아니라 법인이 될 수 있다.

② 프로젝트 사업주의 도덕적 해이를 방지하기 위해 금융기관은 제한적 소구금융의 장치를 마련해두기도 한다.

③ 프로젝트 사업주는 대출기관으로부터 상환청구를 받지 않으며, 이런 방식으로 조달한 부채는 사업주의 재무상태표에는 부채로 계상되지 않는다.

④ 프로젝트 회사가 파산 또는 청산할 경우, 채권자들은 원사업시행자에 대해 원리금상환을 청구할 수 있는 권리가 제한되어 있다.

⑤ 기업 전체의 자산 또는 신용을 바탕으로 자금을 조달하고, 기업의 수익으로 원리금을 상환하거나 수익을 배당하는 방식의 자금조달기법이다.

29. 자산의 유동화에 관한 설명으로 틀린 것은?

① 자산유동화증권(ABS)은 유동화 자산을 기초로 자산 유동화 계획에 따라 발행되는 출자증권, 사채, 수익증권 등을 의미한다.

② 자산담보부기업어음(ABCP)은 주로 만기가 돌아온 기존 ABS를 상환하는 데 활용한다.

③ 자산담보부기업어음(ABCP)은 자산유동화증권(ABS)보다 자금조달비용이 높고 만기가 긴 특징이 있다.

④ 모기지 유동화증권인 MBS는 저당채권을 기초로 발행되는데, 기초자산이 상업용 부동산일 경우 이를 CMBS(Commercial MBS)라고 한다.

⑤ 저당권을 담보로 발행되는 다층저당증권인 CMO는 CDO(Collateralized debt obligation)의 일종으로 볼 수 있다.

30. 담보인정비율(LTV)과 차주상환능력(DTI)이 아래와 같이 조정된다면 기존에 비해 신규 규제하에서 융자가능액은 얼마나 변화는지를 추정하시오.(단, 금융기관의 대출승인 기준은 다음과 같고, 다른 조건은 동일함)

• 담보인정비율(LTV) : 50% → 60%로 상향 • 차주상환능력(DTI) : 40% → 50%로 상향 • A소유 주택의 담보평가가치 : 3억원 • A소유 주택의 기존 주택담보대출금액 : 3,000만원 • A의 연간소득 : 3천만원 • 연간 저당상수 : 0.1 • 담보인정비율(LTV)과 차주상환능력(DTI)은 모두 충족시켜야 함

① 2,000만원 감소 ② 3,000만원 감소
③ 2,000만원 증가 ④ 3,000만원 증가
⑤ 4,000만원 증가

31. 다음 설명에 해당하는 부동산개발방식은?

• 사업부지를 소유하고 있는 토지소유자가 개발이 완료된 후 개발업자나 시공사에게 공사대금을 완공된 일부의 건물로 변제하고, 나머지는 분양하거나 소유하는 형태이다. • 토지소유자는 대상 부지의 소유권을 소유한 상태에서 개발사업이 진행되도록 유도할 수 있고, 그 결과 발생되는 부동산가치의 상승분을 취득할 수 있는 이점이 있다.

① 공영개발방식 ② 직접개발방식
③ 등가교환방식 ④ 토지신탁방식
⑤ BTL사업방식

32. 건물의 관리방식에 관한 설명으로 옳은 것은?

① 위탁관리방식은 부동산관리 전문업체에 위탁해 관리하는 방식으로 대형건물의 관리에 유용하다.

② 혼합관리방식은 위탁관리방식에 비해 문제발생시 책임소재가 명확히 구분된다는 장점이 있다.

③ 자기관리방식은 위탁관리방식에 비해 관리업무의 타성(惰性)을 방지할 수 있는 효과가 크다.

④ 위탁관리방식은 외부 전문가가 관리하므로 기밀 및 보안 유지에 유리하다.

⑤ 대형건물의 전문관리를 위해서는 자가관리방식이 위탁관리방식보다 유리하다.

33. 부동산 신탁에 있어 위탁자가 부동산의 관리와 처분을 부동산신탁회사에 신탁한 후 수익증권을 발급받아 이를 담보로 금융기관에서 대출을 받는 신탁방식은?

① 관리신탁　② 담보신탁　③ 처분신탁

④ 개발신탁　⑤ 명의신탁

34. 부동산 마케팅에 관한 설명으로 옳은 것은?

① STP란 시장세분화(Segmentation), 표적시장(Targeting), 판매촉진(Promotion)을 말한다.

② 마케팅 믹스에서의 4P는 유통경로(Place), 제품(Product), 가격(Price), 공중관계(public relation)를 의미한다.

③ 시장점유마케팅 전략은 공급자와 소비자 간의 장기적·지속적인 상호작용을 중요시하는 전략을 말한다.

④ 노벨티(novelty) 광고는 실용적이며 장식적인 물건에 상호·전화번호 등을 표시하는 것으로 분양광고에 주로 활용된다.

⑤ 관계마케팅 전략은 고객의 구매의사결정과정을 연구하는 AIDA를 핵심전략으로 하고 있다.

35. 부동산 가격의 제원칙에 관한 내용으로 <u>틀린</u> 것은?

① 최유효이용의 원칙은 합법적인 범위 안에서 물리적으로 채택가능한 최고·최선의 이용을 의미한다.

② 경쟁의 원칙에 따라 부동산 가격은 경쟁을 통해 초과이윤이 소멸되고 적합한 가격이 형성된다.

③ 기여의 원칙이란 부동산의 가격이 부동산을 구성하고 있는 각 요소가 기여하는 정도에 영향을 받아 형성된다는 원칙이다.

④ 대체의 원칙에 의하면 부동산의 가격은 대체·경쟁관계에 있는 유사한 부동산의 영향을 받아 형성된다.

⑤ 적합의 원칙에 따르면 부동산의 가격이 내부적 구성요소에 의해 긍정적 또는 부정적 영향을 받아 형성된다.

36. 감정평가에 관한 규칙의 내용으로 <u>틀린</u> 것은?

① 시장가치란 감정평가의 대상이 되는 토지 등이 통상적인 시장에서 충분한 기간 동안 거래를 위하여 공개된 후 그 대상 물건의 내용에 정통한 당사자 사이에 신중하고 자발적인 거래가 있을 경우 성립될 가능성이 가장 높다고 인정되는 대상 물건의 가액을 말한다.

② 감정평가는 대상 물건마다 개별로 하여야 하되, 가치를 달리하는 부분은 이를 구분하여 감정평가할 수 있다.

③ 감정평가법인등은 과수원을 감정평가할 때에 공시지가기준법을 적용해야 한다.

④ 일체로 이용되고 있는 대상 물건의 일부분에 대하여 감정평가하여야 할 특수한 목적이나 합리적인 이유가 있는 경우에는 그 부분에 대하여 감정평가할 수 있다.

⑤ 감정평가는 기준시점에서의 대상 물건의 이용상황(불법적이거나 일시적인 이용은 제외한다) 및 공법상 제한을 받는 상태를 기준으로 한다.

37. 다음 자료를 활용하여 공시지가기준법으로 평가한 대상 토지의 시산가액(m^2당 단가)은?

- 대상 토지 현황 : A시 B구 C동 101번지, 일반상업지역, 상업나지
- 기준시점 : 2025.10.02.
- 비교표준지 : A시 B구 C동 103번지, 일반상업지역, 상업나지
- 2025.01.01. 기준 표준지공시지가 : 10,000,000원/m^2
- 지가변동률 : 2025.01.01.~10.02. : 3% 하락
- 지역요인 : 비교표준지는 대상 토지의 인근지역에 위치함
- 개별요인 : 대상 토지는 비교 표준지 대비 획지조건에서 5% 열세하고, 환경조건에서 4% 우세하며, 다른 조건은 동일함
- 그 밖의 요인보정 : 대상 토지 인근지역의 가치형성요인이 유사한 정상적인 거래사례 등을 고려하여 40% 증액 보정함
- 상승식으로 계산할 것
- 산정된 시산가액의 천원 미만은 버릴 것

① 13,150,000원　② 13,410,000원

③ 14,240,000원　④ 14,820,000원

⑤ 15,740,000원

38. 수익환원법에 대한 설명으로 틀린 것은?

① 수익환원법은 자본환원방법에 따라 직접환원법과 할인현금흐름분석법으로 구분할 수 있다.

② 직접환원법으로는 전통적 직접환원법, 잔여환원법이 있다.

③ 할인현금흐름분석법에는 순수익법, 세전현금흐름법, 세후현금흐름법이 있다.

④ 투자에 대한 대가는 자본에 대한 수익과 자본의 회수로 구성되므로 자본환원율은 자본수익률과 자본회수율로 구성된다.

⑤ 환원이율 산정시 상각 전 환원율은 감가상각비를 포함하지 않은 순수익을 가치로 변환시키는 데 사용한다.

39. 다음과 같은 조건에서 대상 부동산의 수익가치 산정시 적용할 환원이율은?

- 가능총소득(PGI) : 1억원
- 공실손실상당액 및 대손충당금 : 가능총소득의 10%
- 재산세 : 800만원
- 화재보험료 : 700만원
- 관리비 : 500만원
- 영업소득세 : 400만원
- 건물주 개인업무비 : 500만원
- 부채서비스액 : 연 40,000,000원
- 지분비율 : 대부비율 = 60% : 40%
- 대출조건 : 이자율 연 12%로 10년간 매년 원리금균등
- 저당상수(이자율 연 12%, 기간 10년) : 0.177

① 12.39% ② 13.28% ③ 13.81%

④ 14.25% ⑤ 15.5%

40. 부동산 가격공시제도에 관한 설명으로 옳은 것은?

① 표준주택은 단독주택과 공동주택 중에서 각각 대표성 있는 주택을 선정한다.

② 시장·군수·구청장은 공동주택가격을 조사·산정하고자 할 때에는 한국부동산원에 의뢰한다.

③ 국토교통부장관은 공시기준일 이후에 분할·합병 등이 발생한 토지에 대하여는 대통령령으로 정하는 날을 기준으로 하여 개별공시지가를 결정·공시하여야 한다.

④ 농어촌정비법에 따른 농업생산기반 정비사업을 위한 환지·체비지의 매각 또는 환지신청시에는 표준지공시지가를 적용한다.

⑤ 국토교통부장관은 표준지로 선정된 토지에 대해서는 별도로 개별공시지가를 반드시 결정·공시하여야 한다.

2025년도 제36회 시험대비 THE LAST 모의고사
이영섭 부동산학개론

회차	문제수	시험과목
2회	40	부동산학개론

수험번호		성명	

【수험자 유의사항】

1. 시험문제지의 **총면수**, **문제번호**, **일련순서**, **인쇄상태** 등을 확인하시고, 문제지 표지에 수험번호와 성명을 기재하시기 바랍니다.
2. 답은 각 문제마다 요구하는 **가장 적합하거나 가까운 답 1개**만 선택하고, 답안카드 작성 시 시험문제지 **마킹착오**로 인한 불이익은 전적으로 **수험자에게 책임**이 있음을 알려드립니다.
3. 답안카드는 국가전문자격 공통 표준형으로 문제번호가 1번부터 125번까지 인쇄되어 있습니다. 답안 마킹 시에는 반드시 **시험문제지의 문제번호와 동일한 번호**에 마킹하여야 합니다.
4. **감독위원의 지시에 불응하거나 시험시간 종료 후 답안카드를 제출하지 않을 경우** 불이익이 발생할 수 있음을 알려드립니다.
5. 시험문제지는 시험 종료 후 가져가시기 바랍니다.
6. 답안작성은 **시험시행일 현재 시행되는 법령 등**을 적용하시기 바랍니다.
7. 가답안 의견제시에 대한 개별회신 및 공고는 하지 않으며, **최종 정답 발표로 갈음**합니다.
8. 시험 중 **중간 퇴실은 불가**합니다. 단, 부득이하게 퇴실할 경우 **시험 포기각서 제출 후 퇴실은 가능**하나 **재입실이 불가**하며, **해당시험은 무효처리됩니다.**

박문각은 여러분의 제36회 공인중개사 시험 합격을 진심으로 응원합니다!

박문각 공인중개사

부동산학개론

1. 부동산의 개념에 관한 설명으로 옳은 것은?

① 준부동산은 부동산과 유사한 공시방법을 갖춤으로써 협의의 부동산에 포함된다.

② 경작수확물은 부동산 정착물로 간주되지 않는다.

③ 자산, 자본, 생산요소, 자연으로서의 부동산은 경제적 개념의 부동산에 속한다.

④ 토지는 생산재로서의 가치가 있지만, 소비재로서의 가치는 갖지 못한다.

⑤ 물리적 측면의 부동산은 부동산의 가격, 비용, 경기, 수익성 등으로 표현될 수 있다.

2. 부동산의 특성과 관련된 내용으로 옳게 연결된 것을 고르면?

ㄱ. 부동산과 동산이 구분되는 것에 대한 근거가 된다. ㄴ. 일물일가 법칙의 적용이 배제되며 토지의 완전한 대체관계가 제약된다. ㄷ. 장기투자를 통해 자본이득과 소득이득을 얻을 수 있다. ㄹ. 토지의 소유 욕구를 증대시킨다.

① ㉠: 부동성, ㉡: 개별성, ㉢: 영속성, ㉣: 부증성

② ㉠: 부동성, ㉡: 개별성, ㉢: 영속성, ㉣: 부동성

③ ㉠: 부동성, ㉡: 영속성, ㉢: 부증성, ㉣: 부증성

④ ㉠: 부증성, ㉡: 부증성, ㉢: 영속성, ㉣: 부동성

⑤ ㉠: 부증성, ㉡: 개별성, ㉢: 부증성, ㉣: 부증성

3. 부동산의 분류에 대한 설명 중 틀린 것은?

① 건축법상 식품·잡화·의류·완구·서적·건축자재·의약품·의료기기 등 일용품을 판매하는 소대점은 제1종 근린생활시설에 해당한다.

② 택지는 공간정보의 구축 및 관리 등에 관한 법령과 부동산 등기 법령에서 정한 하나의 등록단위로 표시하는 토지를 말한다.

③ 공법상 제한은 있으나 건물 및 기타 정착물이 없고 사법상 제한이 없는 토지를 나지라고 한다.

④ 빈지는 소유권이 인정되지 않는 바다와 육지 사이의 해변토지를 말한다.

⑤ 소지는 대지 등으로 개발되기 이전의 자연상태로서의 토지를 말한다.

4. 아파트 매매가격이 10% 상승함에 따라 다세대주택의 매매 수요량이 8% 증가하고, 빌라의 수요량이 5% 감소하고, 아파트 매매 수요량이 6% 감소한다면, 다음 중 옳게 설명된 것은?(수요의 가격탄력성은 절댓값으로 표시하며, 다른 조건은 불변이라고 가정함)

① 아파트 수요에 대한 가격탄력성은 0.8이다.

② 아파트와 빌라는 대체재 관계이다.

③ 아파트와 다세대주택의 교차탄력성은 −0.6이다.

④ 아파트의 수요는 비탄력적이다.

⑤ 아파트와 다세대는 보완재 관계이다.

5. 부동산에 관한 수요와 공급의 가격탄력성에 관한 설명으로 틀린 것은?(단, 다른 조건은 동일함)

① 수요의 가격탄력성이 완전탄력적이라면 탄력성은 무한대가 된다.

② 오피스텔에 대한 대체재가 증가함에 따라 오피스텔 수요의 가격탄력성이 커진다.

③ 수요곡선이 일정하다면, 세금부과에 의한 경제적 순손실은 공급이 탄력적일수록 커진다.

④ 임대주택의 수요의 가격탄력성이 1일 때, 임대료가 상승하더라도 전체 임대료 수입은 불변한다.

⑤ 공급의 가격탄력성이 수요의 가격탄력성보다 큰 경우 공급자가 수요자보다 세금부담이 더 크다.

6. A부동산에 대한 기존 시장의 균형상태에서 수요함수는 $P = 400 - 4Qd$, 공급함수는 $P = 40 + 2Qs$이다. 시장의 수요자 수가 4배로 증가되는 경우, 새로운 시장의 균형가격을 산정하면?[단, P는 가격(단위 : 만원), Qd는 수요량(단위 : m^2), Qs는 공급량(단위 : m^2)이며, A부동산은 민간재(private goods)로 시장의 수요자는 모두 동일한 개별수요함수를 가지며, 다른 조건은 동일함]

① 120 ② 280 ③ 320 ④ 450 ⑤ 500

7. 부동산의 수요 및 공급에 관한 설명으로 틀린 것은?(단, 다른 조건은 일정하다고 가정함)

① 부동산의 물리적 공급은 단기적으로 비탄력적이며, 장기로 갈수록 탄력성이 커진다.
② 토지의 용도적 공급은 가능하며, 용도적 공급곡선은 우상향한다.
③ 주택 건설용 토지가격의 하락은 주택공급곡선 자체의 변화를 초래한다.
④ 주택의 수요와 공급이 모두 증가하게 되면 균형가격은 상승하게 된다.
⑤ 대체재의 수요량이 증가하면 해당 부동산의 가격이 하락한다.

8. 다음은 거미집이론에 관한 내용이다. ( )에 들어갈 모형형태는?(단, X축은 수량, Y축은 가격을 나타내며, 다른 조건은 동일함)

> • 수요의 가격탄력성의 절댓값이 공급의 가격탄력성의 절댓값보다 작으면 (ㄱ)이다.
> • 수요곡선의 기울기의 절댓값이 공급곡선의 기울기의 절댓값보다 작다면 (ㄴ)이다.
> • A시장의 수요함수는 4P = 500 − 3Qd이고, 공급함수는 $Qs = 300 + \frac{4}{3}P$라면 (ㄷ)이다.

① ㄱ: 발산형, ㄴ: 수렴형, ㄷ: 순환형
② ㄱ: 발산형, ㄴ: 수렴형, ㄷ: 수렴형
③ ㄱ: 발산형, ㄴ: 수렴형, ㄷ: 발산형
④ ㄱ: 수렴형, ㄴ: 발산형, ㄷ: 순환형
⑤ ㄱ: 수렴형, ㄴ: 발산형, ㄷ: 수렴형

9. 부동산 시장에 대한 설명으로 틀린 것은?

① 할당 효율적 시장에서는 가격의 과소평가 또는 과대평가 등의 왜곡 가능성이 나타나지 않는다.
② 강성 효율적 시장은 완전경쟁시장의 가정에 가장 근접하게 부합되는 시장이다.
③ 불완전경쟁시장에서도 할당 효율적 시장이 이루어질 수 있다.
④ 주택여과과정은 주택의 질적 변화와 가구의 이동과의 관계를 설명해 준다.
⑤ 주택의 하향여과과정이 원활하게 작동하면 저급주택의 공급량이 감소하는 문제점이 있다.

10. 지대이론에 관한 설명으로 옳은 것을 모두 고르면?

> ㄱ. 리카도(D. Ricardo)에 따르면 한계지에서는 생산비가 곡물가격이 되므로, 지대가 발생하지 않게 된다.
> ㄴ. 토지소유자의 희생과 노력 없이 공공에 의해 발생되는 지대를 절대지대라고 한다.
> ㄷ. 알론소(W. Alonso)의 입찰지대는 튀넨의 고립국이론을 도시공간에 확장시켜 발전시킨 이론이다.
> ㄹ. 튀넨의 위치지대설에 따르면 지대는 생산물의 가격에서 생산비와 수송비를 차감한 값이다.

① ㄱ, ㄴ, ㄹ ② ㄴ, ㄷ, ㄹ ③ ㄱ, ㄷ, ㄹ
④ ㄴ, ㄹ ⑤ ㄱ, ㄷ

11. 베버의 최소비용이론에 대한 설명으로 틀린 것을 모두 고르면?

> ㄱ. 산업입지에서 가장 중요한 요인을 수송비(운송비)로 보는 이론이다.
> ㄴ. 수송비는 원료와 제품의 무게 및 수송되는 거리에 정비례하여 증가한다.
> ㄷ. 등비용선이란 최소노동비 지점에서 기업이 입지를 바꿀 경우 이에 따른 추가적인 노동비 부담액이 동일한 지점을 연결한 곡선이다.
> ㄹ. 원료지수란 제품중량에 대한 국지원료의 비중을 의미하며, 원료지수가 1보다 작을 경우 원료지향형 입지가 유리하다.

① ㄱ ② ㄱ, ㄴ ③ ㄴ, ㄷ
④ ㄷ, ㄹ ⑤ 없음

12. 입지 및 상권이론에 대한 설명으로 옳은 것은?

① 허프(D. Huff)는 소비자가 특정 점포를 이용할 확률은 소비자와 점포와의 거리, 경쟁점포의 수와 면적에 의해서 결정된다고 보았다.
② 레일리(W. Reilly)는 컨버스(P. Converse)의 분기점 모형을 응용하여 두 도시 간 구매 영향력이 같은 분기점의 위치를 산정한다.
③ 크리스탈러(W. Christaller)의 중심지이론에 따르면 재화의 도달범위가 최소요구범위 내에 있어야 중심지가 성립한다.
④ 허프에 따르면 해당 매장을 방문하는 고객의 행동력은 방문하고자 하는 매장의 크기에 반비례하고, 매장까지의 거리의 마찰계수승에 비례한다.
⑤ 레일리(W. Reilly)에 따르면 A도시가 B도시보다 크다면 상권의 경계는 규모가 큰 A도시 쪽에 더 가깝게 결정된다.

13. 대형마트가 개발된다는 다음과 같은 정보가 있을 때 합리적인 투자자 갑이 해당 정보를 확보하기 위해 3억원을 투자하였다면 투자자 갑의 손익은 어떻게 되겠는가?(단, 주어진 조건에 한함)

> • 대형마트 개발예정지 인근에 A토지가 있다.
> • 2년 후 대형마트가 개발될 가능성은 40%로 알려져 있다.
> • 2년 후 대형마트가 개발되면 A토지의 가격은 13억 5,000만원, 개발되지 않으면 6억 2,400만원으로 예상된다.
> • 투자자의 요구수익률(할인율)은 연 10%이다.

① 초과이윤 4,000만원 ② 초과이윤 6,000만원
③ 초과이윤 8,000만원 ④ 초과이윤 9,600만원
⑤ 6,000만원 손해

14. 다음이 설명하는 도시내부구조이론은?

> • 특정 요건을 필요로 하는 기능들은 그러한 요건이 충족된 지역에 집중한다.
> • 같은 종류의 활동은 집적이익을 얻을 수 있기 때문에 한 곳에 집중한다.
> • 집적함으로써 불이익을 일으키는 기능들은 서로 분리하여 입지한다.
> • 일부 활동은 중심부의 높은 지대를 지불할 능력이 없어 외곽의 일정지역에 집중한다.

① 동심원이론 ② 선형이론
③ 최소비용이론 ④ 입지지대이론
⑤ 다핵심이론

15. 현행 법제도상 부동산 투기억지 제도에 해당하는 것은?

① 토지초과이득세 ② 재개발부담금
③ 농지취득자격증명 ④ 토지적성평가제
⑤ 택지소유상한제

16. 주거정책에 관한 설명으로 옳은 것을 모두 고른 것은?

> ㄱ. 총부채원리금상환비율(DSR)은 정부의 주택시장에 대한 직접적 개입이다.
> ㄴ. 선분양제도는 사업자의 초기자금부담을 완화할 수 있다.
> ㄷ. 공공임대주택의 공급은 소득재분배효과를 기대할 수 있다.
> ㄹ. 시장의 균형임대료보다 낮은 임대료 규제는 임대부동산의 공급 축소와 질적 저하를 가져올 수 있다.

① ㄱ, ㄴ, ㄷ ② ㄱ, ㄴ, ㄹ ③ ㄱ, ㄷ, ㄹ
④ ㄴ, ㄷ, ㄹ ⑤ ㄴ, ㄷ

17. 부동산 조세정책에 관한 설명으로 틀린 것은?

① 재산세는 원칙적으로 보통징수가 아닌 신고납부방식이다.
② 주택의 취득세율을 낮추면 주택수요가 증가할 수 있다.
③ 토지공급의 가격탄력성이 완전비탄력적이라면 부동산 조세 부과시 토지소유자가 전부 부담하게 된다.
④ 공급곡선이 수요곡선에 비해 더 탄력적이면 부과되는 조세에 대해 공급자에 비해 수요자의 부담이 더 커진다.
⑤ 종합부동산세는 국세이면서 보유과세이며 누진세 유형에 해당한다.

18. 부동산 정책에 대한 설명으로 틀린 것은?

① 토지이용규제를 통해 토지이용에 수반되는 부(−)의 외부효과를 제거 또는 감소시킬 수 있다.
② 부동산거래신고는 거래당사자가 매매계약을 체결한 경우 잔금지급일로부터 30일 이내에 신고하는 제도이다.
③ 토지거래계약에 관한 허가구역은 토지의 투기적인 거래가 성행하거나 지가가 급격히 상승하는 지역을 대상으로 지정될 수 있다.
④ 개발권양도제(TDR)란 개발제한으로 인해 규제되는 보전지역에서 발생하는 토지소유자의 손실을 보전하기 위한 제도이다.
⑤ 공공토지비축제도는 공익사업용지의 원활한 공급과 토지시장의 안정에 기여하는 것을 목적으로 한다.

19. 부동산 정책 및 정책적 기대효과에 대한 설명으로 틀린 것은?

ㄱ. 주택 공급 증가시, 임차수요가 탄력적일수록 임대료 하락효과가 작아진다. ㄴ. 행복주택의 임대료가 시장임대료보다 낮은 경우 임대료 차액만큼 주거비 보조효과를 볼 수 있다. ㄷ. 재건축부담금은 재건축사업의 초과이익을 환수하기 위한 제도로 도시 및 주거환경정비법령에 의해 시행되고 있다. ㄹ. 기존주택매입임대주택은 기존주택을 임차하여 수급자 등 저소득층과 청년 및 신혼부부 등에게 전대(轉貸)하는 공공임대주택을 말한다. ㅁ. 공공지원민간임대주택은 공공주택 특별법령상 공급되고 있다.

① ㄱ, ㄷ, ㄹ ② ㄴ, ㄷ, ㄹ ③ ㄷ, ㄹ, ㅁ
④ ㄴ, ㅁ ⑤ ㄱ, ㅁ

20. 대부비율(LTV)이 40%에서 60%로 증가하면 1년간 자기자본수익률이 몇 %나 변화하는가?(단, 주어진 조건에 한함)

• 부동산 매입가격 : 1,000,000,000원 • 1년 후 부동산 처분 • 순영업소득(NOI) : 연 80,000,000원(기간 말 발생) • 보유기간 동안 부동산가격 상승률 : 연 4% • 대출조건 : 이자율 연 6%, 대출기간 1년, 원리금은 만기 일시상환

① 1.5% 증가 ② 4% 증가 ③ 5% 증가
④ 6% 증가 ⑤ 7% 증가

21. 부동산 투자와 관련한 재무비율과 승수를 설명한 것으로 틀린 것은?(다른 조건은 일정함)

ㄱ. 대부비율이 40%일 경우에는 부채비율이 60%가 된다. ㄴ. 부채감당률이 1.5, 대부비율이 60%, 연간 저당상수가 0.1이라면 자본환원율은 9%이다. ㄷ. 일반적으로 세전현금수지승수가 세후현금수지승수보다 작다. ㄹ. 세후현금흐름승수는 총투자액을 세후현금흐름으로 나눈 값이다. ㅁ. 지분투자수익률은 순영업소득을 지분투자액으로 나눈 비율이다.

① ㄱ, ㄹ, ㅁ ② ㄱ, ㄷ, ㄹ ③ ㄱ, ㄷ, ㅁ
④ ㄴ, ㄹ, ㅁ ⑤ ㄴ, ㄷ

22. 부동산 투자수익률과 위험에 대한 설명으로 틀린 것은?

① 부동산과 같은 실물자산에 대한 투자는 인플레이션을 햇지(hedge)하는 기능이 있다.
② 개별투자자의 위험에 대한 회피도가 높을수록 요구수익률이 높아진다.
③ 위험조정할인율은 장래 기대되는 수익을 현재가치로 환원할 때 위험에 따라 조정된 할인율이다.
④ 예금금리와 같은 무위험률이 상승하면 투자자의 요구수익률은 낮아진다.
⑤ 효율적 프론티어(efficient frontier)에서는 추가적인 위험을 감수하지 않으면 수익률을 증가시킬 수 없다.

23. 임대인 A와 임차인 B는 임대차계약을 체결하려고 한다. 향후 3년간 순영업소득의 현재가치 합계는?(단, 주어진 조건에 한하며, 모든 현금유출입은 매 기간말에 발생함)

• 연간 임대료는 1년차 8,000만원에서 매년 300만원씩 증가 • 연간 영업경비는 1년차 4,000만원에서 매년 300만원씩 증가 • 1년 후 일시불의 현가계수 0.95 • 2년 후 일시불의 현가계수 0.90 • 3년 후 일시불의 현가계수 0.85

① 8,000만원 ② 8,460만원 ③ 8,260만원
④ 9,000만원 ⑤ 10,800만원

24. 부동산투자이론에 관한 설명으로 틀린 것을 고르면?

① 회계적 이익률은 비할인법으로서, 연평균순이익을 연평균투자액으로 나눈 비율이다.
② 내부수익률은 투자로부터 기대되는 현금유입의 미래가치와 현금유출의 현재가치를 같게 하는 할인율이다.
③ 순현가 및 수익성지수는 화폐의 시간가치를 고려하는 투자분석 기법이다.
④ 이론적으로 순현가가 0보다 작으면 투자타당성이 없다고 할 수 있다.
⑤ 순현가법의 재투자율은 요구수익률이지만, 내부수익률법의 재투자율은 내부수익률 자체이다.

25. 부동산 투자와 관련된 설명으로 틀린 것은?

① 부동산 투자안이 채택되기 위해서는 요구수익률이 기대수익률보다 작아야 한다.

② 위험이 작은 투자안을 선택하기 위해서는 변동계수(변이계수)가 작은 투자안을 선택하여야 한다.

③ 자산 간의 상관계수가 −1일 경우, 포트폴리오 구성을 통한 위험절감 효과가 나타나지 않는다.

④ 효율적 프론티어란 평균−분산 지배원리에 의해 모든 위험수준에서 최대의 기대수익률을 얻을 수 있는 포트폴리오의 집합을 말한다.

⑤ 포트폴리오에 포함된 개별자산의 수익률 간 상관계수에 따라 분산투자효과가 달라진다.

26. 부동산 투자분석과 관련하여 괄호 안에 들어갈 말로 옳은 것을 고르면?

> • 미상환저당잔금은 원리금에 (ㄱ)을 곱하여 산정한다.
> • 순매도액에서 미상환저당잔금을 차감하면 (ㄴ)이 된다.
> • 잔금비율과 상환비율의 합은 (ㄷ)이다.

① (ㄱ): 연금의 현가계수, (ㄴ): 세전지분복귀액, (ㄷ): 1

② (ㄱ): 연금의 현가계수, (ㄴ): 세전현금흐름, (ㄷ): 0

③ (ㄱ): 연금의 내가계수, (ㄴ): 세전지분복귀액, (ㄷ): 0

④ (ㄱ): 연금의 내가계수, (ㄴ): 세전현금흐름액, (ㄷ): 1

⑤ (ㄱ): 연금의 내가계수, (ㄴ): 세전현금흐름액, (ㄷ): 0

27. A는 아파트를 구입하기 위해 은행으로부터 연초에 5억원을 대출받았다. A가 받은 대출의 조건이 다음과 같을 때, 대출금리(ㄱ)와 2회차에 상환할 원금(ㄴ)은?(단, 주어진 조건에 한함)

> • 대출금리: 고정금리
> • 대출기간: 20년
> • 연간 저당상수: 0.09
> • 1회차 원금상환액: 2,000만원
> • 원리금상환조건: 원리금균등상환방식,
> 매년 말 연단위 상환

① 5%, 1,450만원 ② 5%, 2,100만원

③ 5%, 2,700만원 ④ 6%, 2,100만원

⑤ 6%, 2,700만원

28. 부동산 금융에 관한 설명으로 틀린 것은?

① 한국주택금융공사는 주택저당채권을 기초로 하여 주택저당증권을 발행하고 있다.

② 변동금리 대출은 이자율 변동으로 인한 위험을 차입자에게 전가하는 방식으로 금융기관의 이자율 변동위험을 줄일 수 있는 장점이 있다.

③ 주택도시기금은 국민주택규모에 해당하는 주택을 지원하는 기금이다.

④ 2차 저당시장이란 투자자로부터 자금을 조달하여 주택자금 대출기관에 공급해주는 시장이다.

⑤ 고정금리 대출에서 시장금리 상승기에 차입자는 기존대출금을 조기상환하는 것이 유리하다.

29. 부동산 금융에 대한 설명으로 옳은 것은?

① 전환사채(CB)는 부동산의 금융방식 중 지분금융방식에 해당한다.

② 자산담보부기업어음(ABCP)을 발행할 때는 특수목적회사가 금융위원회에 발행계획을 등록할 의무가 없다.

③ 단기사채(ABSTB: Asset backed short term bond)는 전자방식으로 발행되는 1년 미만의 단기채권이다.

④ 후순위채권은 선순위채권보다 낮은 금리로 발행된다.

⑤ 신주인수권부사채(BW)는 채권으로 발행하지만 향후 주식으로 전환할 수 있는 옵션이 부여된 상품이다.

30. 부동산투자회사법령상 부동산투자회사에 관한 내용으로 틀린 것은?

① 자기관리 부동산투자회사는 설립등기일로부터 10일 이내에 대통령령으로 정하는 바에 따라 설립보고서를 작성하여 국토교통부장관에게 제출하여야 한다.

② 자기관리 부동산투자회사는 자산운용 전문인력을 포함한 임직원을 상근으로 두고 자산의 투자·운용을 직접 수행하는 회사를 말한다.

③ 기업구조조정 부동산투자회사의 설립자본금은 3억원 이상으로, 자기관리 부동산투자회사의 설립자본금은 5억원 이상으로 한다.

④ 기업구조조정 부동산투자회사는 상법상의 실체회사인 주식회사로 자산운용 전문인력을 두고 자산의 투자·운용을 직접 수행한다.

⑤ 위탁관리 부동산투자회사의 경우 자산의 투자·운용을 자산관리회사에 위탁하여야 한다.

31. 부동산 개발에 관련된 설명으로 틀린 것은?

① 토지신탁방식은 신탁회사가 토지소유권을 이전받아 토지를 개발한 후 그 수익을 수익증권의 소유자에게 지급하는 방식이다.

② 인·허가시 용적률의 증가는 사업시행자의 사업성에 긍정적 영향을 준다.

③ 민감도분석은 공급된 부동산이 시장에서 일정기간 동안 소비되는 비율을 조사하여 해당 부동산 시장의 추세를 파악하는 것이다.

④ 시장성 분석은 부동산이 현재나 미래의 시장상황에서 매매 또는 임대될 수 있는 가능성을 조사하는 것이다.

⑤ 공영개발은 공공성과 공익성을 위해 택지를 조성한 후 분양 또는 임대하는 토지개발방식을 말한다.

32. 민간임대주택에 관한 특별법에 대한 내용으로 틀린 것은?

① 자기관리형 주택임대관리업이란 주택의 소유자로부터 주택을 임차하여 자기책임으로 전대(轉貸)하는 형태의 업을 의미한다.

② 장기일반민간임대주택이란 임대사업자가 공공지원민간임대주택을 10년 이상 임대할 목적으로 취득하여 임대하는 민간임대주택을 의미한다.

③ 위탁관리형 주택임대관리업이란 주택의 소유자로부터 수수료를 받고 임대료 부과·징수 및 시설물 유지 등을 대행하는 형태의 업을 의미한다.

④ 국내에 체류하는 외국인도 임대사업자로 등록할 수 있다.

⑤ 국가 및 지방자치단체는 민간임대주택의 공급확대를 위하여 주택도시자금 등의 자금을 우선적으로 지원할 수 있다.

33. 부동산 마케팅에 대한 설명으로 옳게 연결된 것을 고르면?

- 표적시장의 반응을 빠르고 강하게 자극·유인하는 전략을 (ㄱ)이라고 한다.
- 일정한 기준에 의해 주택 수요자를 보다 동질적인 소집단으로 구분하는 것을 (ㄴ)전략이라고 한다.
- (ㄷ)전략에서 AIDA의 원리는 주의(Attention)－관심(Interest)－욕망(Desire)－행동(Action)의 과정이다.

① (ㄱ): promotion, (ㄴ): 시장세분화, (ㄷ): 고객점유

② (ㄱ): promotion, (ㄴ): 시장세분화, (ㄷ): 시장점유

③ (ㄱ): promotion, (ㄴ): 포지셔닝, (ㄷ): 시장점유

④ (ㄱ): product, (ㄴ): 표적시장, (ㄷ): 시장점유

⑤ (ㄱ): product, (ㄴ): 포지셔닝, (ㄷ): 고객점유

34. 다음에서 설명하는 민간투자 사업방식은?

- 시설 소유권은 준공과 함께 정부 등에 귀속
- 시행자는 일정기간 시설관리 운영권을 획득
- 시행자는 최종수요자로부터 이용료를 징수
- SOC시설 소유권을 민간에 넘기는 것이 부적절한 경우에 주로 사용

① BOT(build－operate－transfer)방식

② LBO(lease－build－operate)방식

③ BLT(build－lease－transfer)방식

④ BTO(build－transfer－operate)방식

⑤ BOO(build－own－operate)방식

35. 다음 조건을 가진 부동산을 통해 산출한 내용으로 옳지 않은 것은?(단, 주어진 조건에 한함)

- 가능총소득(PGI): 연 200,000,000원
- 공실손실상당액·대손충당금: 가능총소득의 10%
- 운영경비(OE): 유효총소득의 40%
- 대출 원리금상환액: 연 40,000,000원
- 가격구성비: 토지 40%, 건물 60%
- 토지환원이율: 연 3%
- 건물환원이율: 연 5%

① 운영경비는 72,000,000원이다.

② 종합환원이율은 연 4.2%이다.

③ 순영업소득(NOI)은 108,000,000원이다.

④ 유효총소득(EGI)은 180,000,000원이다.

⑤ 세전현금흐름(BTCF)은 64,000,000원이다.

36. 감정평가방식 중 원가방식에 관련된 설명으로 옳은 것은?

① 시장성에 의한 평가방식으로서 원가법과 적산법으로 구성된다.

② 감가수정은 물리적 내용연수를 기반으로 정액법, 정률법, 상환기금법을 활용한다.

③ 정액법은 직선법 또는 균등상각법이라고도 하며, 경과연수에 정비례하여 감가누적액이 증가한다.

④ 정률법에 의한 감가수정시 매기 감가액이 증가하는 특징이 있다.

⑤ 적산법은 기초가액에 기대이율을 곱한 후 필요제경비를 공제하여 임대료를 산정하는 방법이다.

37. 감정평가에 관한 규칙에 대한 설명으로 옳은 것은?

① 인근지역은 감정평가의 대상이 된 부동산이 속한 지역으로서 부동산의 이용이 동질적이고 가치형성요인 중 개별요인을 공유하는 지역이다.

② 가치형성요인이란 대상 물건의 경제적 가치에 영향을 미치는 일반요인, 지역요인 및 개별요인 등을 말한다.

③ 공시지가기준법을 적용할 때 비교표준지공시지가를 기준으로 사정보정, 지역요인 및 개별요인비교, 그 밖의 요인의 보정 과정을 거친다.

④ 기준시점은 대상 물건의 현장조사를 완료한 날짜로 한다. 다만, 기준시점을 미리 정하였을 때에는 그 날짜에 가격조사가 가능한 경우에만 기준시점으로 할 수 있다.

⑤ 대상 물건의 임대료를 평가할 때는 거래사례비교법에 의함이 원칙이다.

38. 공시지가기준법에 대한 설명으로 틀린 것은?

① 공시지가기준법은 비교방식에 근거하여 토지의 가치를 구하는 평가법이다.

② 인근지역에 적절한 표준지가 없는 경우에는 동일수급권 안의 유사지역에 있는 표준지를 선정할 수 있다.

③ 시점수정시에 한국은행이 조사·발표하는 생산자물가지수에 따라 산정된 생산자물가상승률을 적용할 수 있다.

④ 감정평가법인등은 적정한 실거래가를 기준으로 토지를 감정평가할 때에는 거래사례비교법을 적용해야 한다.

⑤ 적정한 실거래가란 거래 시점이 도시지역은 5년 이내, 그 밖의 지역은 3년 이내인 거래가격 중에서 감정평가의 기준으로 적용하기에 적정하다고 판단하는 거래가격을 말한다.

39. 비교방식으로 평가한 대상 토지의 비준가액을 산정하면?

- 대상 토지: A시 B구 C동 360번지, 일반상업지역
- 기준시점: 2024.10.26.
- 비교표준지: A시 B구 C동 300번지, 일반상업지역, 2024.01.01. 기준 공시지가: 12,000,000원/m²
- 지가변동률(2024.01.01.~10.26.): 상업지역 5% 상승
- 지역요인: 대상 토지의 지역요인이 사례 토지의 지역요인에 비해 20% 열세함
- 개별요인: 대상 토지는 비교표준지에 비해 가로조건 5% 우세, 환경조건 20% 열세하고, 다른 조건은 동일함(상승식으로 계산할 것)
- 그 밖의 요인보정: 대상 토지 인근지역의 가치형성요인이 유사한 정상적인 거래사례 등을 고려하여 20% 감액 보정함

① 6,773,760원 ② 8,317,440원
③ 10,160,064원 ④ 15,240,960원
⑤ 22,861,440원

40. 부동산 가격공시제도에 관련된 설명으로 틀린 것은?

① 국토교통부장관은 표준주택에 대하여 매년 공시기준일 현재 적정 가격을 조사·산정하고, 중앙부동산가격공시위원회의 심의를 거쳐 이를 공시하여야 한다.

② 표준주택으로 선정된 단독주택, 그 밖에 대통령령으로 정하는 단독주택에 대하여는 개별주택가격을 결정·공시하지 아니할 수 있다.

③ 개별주택가격 및 공동주택가격은 주택시장의 가격정보를 제공하고, 국가·지방자치단체 등이 과세 등의 업무와 관련하여 주택의 가격을 산정하는 경우에 그 기준으로 활용될 수 있다.

④ 국토교통부장관은 표준주택가격을 조사·산정하고자 할 때에는 감정평가법인등 또는 한국부동산원에 의뢰한다.

⑤ 개별주택가격 및 개별공시지가에 이의가 있는 자는 그 결정·공시일부터 30일 이내에 서면(전자문서를 포함한다)으로 시장·군수 또는 구청장에게 이의를 신청할 수 있다.

2025년도 제36회 시험대비 THE LAST 모의고사

이영섭 부동산학개론

회차	문제수	시험과목
3회	40	부동산학개론

수험번호		성명	

【수험자 유의사항】

1. 시험문제지의 **총면수, 문제번호, 일련순서, 인쇄상태** 등을 확인하시고, 문제지 표지에 수험번호와 성명을 기재하시기 바랍니다.
2. 답은 각 문제마다 요구하는 **가장 적합하거나 가까운 답 1개**만 선택하고, 답안카드 작성 시 시험문제지 **마킹착오**로 인한 불이익은 전적으로 **수험자에게 책임**이 있음을 알려드립니다.
3. 답안카드는 국가전문자격 공통 표준형으로 문제번호가 1번부터 125번까지 인쇄되어 있습니다. 답안 마킹 시에는 반드시 **시험문제지의 문제번호와 동일한 번호**에 마킹하여야 합니다.
4. **감독위원의 지시에 불응하거나 시험시간 종료 후 답안카드를 제출하지 않을 경우** 불이익이 발생할 수 있음을 알려드립니다.
5. 시험문제지는 시험 종료 후 가져가시기 바랍니다.
6. 답안작성은 **시험시행일 현재 시행되는 법령 등**을 적용하시기 바랍니다.
7. 가답안 의견제시에 대한 개별회신 및 공고는 하지 않으며, **최종 정답 발표로 갈음**합니다.
8. 시험 중 **중간 퇴실은 불가**합니다. 단, 부득이하게 퇴실할 경우 **시험 포기각서 제출 후 퇴실은 가능**하나 **재입실이 불가**하며, **해당시험은 무효처리됩니다.**

박문각은 여러분의 제36회 공인중개사 시험 합격을 진심으로 응원합니다!

박문각 공인중개사

부동산학개론

1. 한국표준산업분류(KSIC)상 부동산업에 대한 설명으로 옳은 것은?

① 부동산 투자 및 금융업은 부동산업에 포함된다.
② 주거용 부동산 관리업과 비주거용 부동산 관리업은 부동산 임대 및 공급업에 포함된다.
③ 주거용 건물 건설업은 부동산업이 포함된다.
④ 부동산 개발 및 공급업은 부동산 관련 서비스업에 포함된다.
⑤ 부동산 임대업에는 주거용 건물 임대업, 비주거용 건물 임대업, 기타부동산 건물 임대업이 포함된다.

2. 부동산의 분류에 대한 설명으로 틀린 것은?

① 맹지는 타인의 토지에 둘러싸여 도로와 접하고 있지 않은 토지를 말한다.
② 법지는 소유권은 인정되지만 이용실익이 없거나 적은 토지이다.
③ 건부감가(建付減價)를 전제한다면 나지 가격은 건부지 가격보다 낮게 평가된다.
④ 택지지역, 농지지역, 임지지역 상호간에 다른 지역으로 전환되고 있는 지역의 토지를 후보지라고 한다.
⑤ 건축법상 학생 또는 직장인 등 여러 사람이 장기간 거주할 수 있는 구조를 갖춘 주택을 다중주택이라고 한다.

3. 토지의 특성에 대한 설명으로 옳은 것은?

① 부동성으로 인하여 토지에는 소모를 전제로 하는 재생산이론과 감가상각(감가수정)이론이 적용되지 않는다.
② 토지는 부증성으로 인해 용도적 관점에서도 공급을 늘릴 수 없다.
③ 토지의 물리적 공급곡선이 수직선이 되는 것은 부동산의 특성 중 부동성과 관련이 있다.
④ 부증성은 토지이용을 집약화시키는 요인이다.
⑤ 부동성은 토지 시장에서 임장활동을 배제시키는 근거가 된다.

4. 부동산의 수요 및 공급에 관련된 설명 중 옳게 설명된 것을 모두 고르면?

> ㄱ. 수요량(Qd)은 일정기간에 실제로 구매한 사후적 수량이다.
> ㄴ. 소득의 증가로 인하여 수요량이 변한다면 이는 수요곡선상의 변화를 초래한다.
> ㄷ. 회사의 자본총량, 도시의 인구규모는 모두 저량(stock)에 해당한다.
> ㄹ. 다른 조건이 일정하다면 재화의 가격이 상승함에 따라 공급량은 증가한다.

① ㄱ, ㄴ ② ㄷ, ㄹ ③ ㄴ, ㄹ
④ ㄱ, ㄴ, ㄷ ⑤ ㄱ, ㄷ, ㄹ

5. 수요와 공급의 가격탄력성에 관한 설명으로 틀린 것은? (다른 조건은 동일함)

① 공급이 감소할 때 수요의 가격탄력성이 비탄력적일수록 균형가격은 더 많이 하락하게 된다.
② 가격변화율에 비하여 수요량의 변화율이 작을 경우 수요의 가격탄력성은 1보다 작게 된다.
③ 공급이 증가하는 폭보다 수요가 증가하는 폭이 더 클 경우 균형가격은 상승한다.
④ 임대주택을 건축하여 공급하는 기간이 짧아질수록 공급의 탄력성은 커진다.
⑤ 교차탄력성은 한 재화의 가격변화율에 대한 다른 재화의 수요량의 변화율을 측정하는 값이다.

6. 부동산의 공급에 관련된 설명으로 틀린 것은?

① 다른 조건이 일정할 때 부동산의 신축 원자재 가격이 상승하면 단기적으로 주택가격은 상승한다.
② 주택의 단기공급곡선은 장기에 비해 비탄력적이다.
③ 아파트의 가격상승이 예상되어 공급량이 변하면 이는 공급곡선 자체의 이동을 초래한다.
④ 용도제한의 법규가 강화되면 탄력성이 작아진다.
⑤ 생산소요시간이 길어질수록 공급의 가격탄력성은 작아지게 된다.

7. **오피스텔에 대한 빌라 수요의 교차탄력성은?**

> • 소득이 10% 상승하고 오피스텔 가격은 5% 상승했을 때, 빌라 수요는 8% 증가
> • 빌라 수요의 소득탄력성은 0.5이며, 빌라와 오피스텔은 대체재 관계임

① 0.5 ② 0.6 ③ 0.8 ④ 1.2 ⑤ 2.5

8. **주택시장에서 공급을 감소시키는 요인을 모두 고른 것은? (다른 조건은 동일함)**

> ㄱ. 주택 건설용 주거용지 가격상승
> ㄴ. 주택 건설에 대한 보조금 확대
> ㄷ. 주택 건설업체수의 증가
> ㄹ. 건설기술 개발에 따른 원가절감
> ㅁ. 주택 건설 노동자의 임금상승

① ㄴ, ㅁ ② ㄱ, ㄷ ③ ㄱ, ㅁ
④ ㄴ, ㄷ, ㅁ ⑤ ㄱ, ㄴ, ㄹ

9. **부동산 시장에 대한 설명으로 틀린 것은?**

① 부동산 시장이 준강성 효율적 시장이라면, 공표된 정보는 이미 시장가치에 반영되어 있다.
② 부동산 시장의 분화현상은 경우에 따라 부분시장별로 시장의 불균형을 초래하기도 한다.
③ 부동산 시장에서 정보의 비대칭성은 가격형성의 왜곡을 초래할 수 있다.
④ 거래비용의 증가는 진입장벽을 초래하며, 이는 부동산 시장을 불완전하게 만든다.
⑤ 강성 효율적 시장에는 아직 공표되지 않은 정보가 가치에 반영되어 있지 않다.

10. **주거분리 및 여과현상과 관련된 설명으로 틀린 것을 모두 고르면?**

> ㄱ. 주거분리는 용도에 따라 주거지가 분리되는 현상이다.
> ㄴ. 고소득층 주거지와 저소득층 주거지가 인접한 경우, 경계지역 부근의 저소득층 주택은 할인되어 거래된다.
> ㄷ. 주거분리 현상은 도시 전체에서뿐만 아니라 지리적으로 인접한 근린지역에서도 발생할 수 있다.
> ㄹ. 저급주택이 재개발되어 고소득가구의 주택으로 사용이 전환되는 것을 주택의 상향여과과정이라 한다.

① ㄴ, ㄷ ② ㄱ, ㄹ ③ ㄱ, ㄷ
④ ㄱ, ㄴ ⑤ ㄱ, ㄴ, ㄹ

11. **다음 입지와 도시공간구조에 관한 설명으로 옳은 것을 모두 고른 것은?**

> ㄱ. 크리스탈러(W. Christaller)는 특정 점포가 최대 이익을 얻을 수 있는 매출액을 확보하기 위해서 어떤 장소에 입지하여야 하는지를 제시하였다.
> ㄴ. 허프(D. Huff)에 따르면 전문품점의 경우는 일상용품점보다 마찰계수가 크다.
> ㄷ. 버제스(E. Burgess)는 도시의 성장과 분화가 주요 교통망에 따라 확대되면서 나타난다고 보았다.
> ㄹ. 크리스탈러(W. Christaller)에 따르면 판매자가 정상이윤을 얻는 만큼의 충분한 소비자를 포함하는 경계까지의 최소 거리를 재화의 도달범위라고 한다.

① ㄱ, ㄷ ② ㄷ, ㄹ ③ ㄴ
④ ㄹ ⑤ 없음

12. **C도시 인근에 A와 B 두 개의 할인점이 있다. 허프(D. L. Huff)의 상권분석모형을 적용할 경우, B할인점의 이용객 수를 산정하면?(단, A점포의 마찰계수는 1이고, B점포의 마찰계수는 2이며, 도시인구의 50%만이 할인점을 이용한다고 가정한다.)**

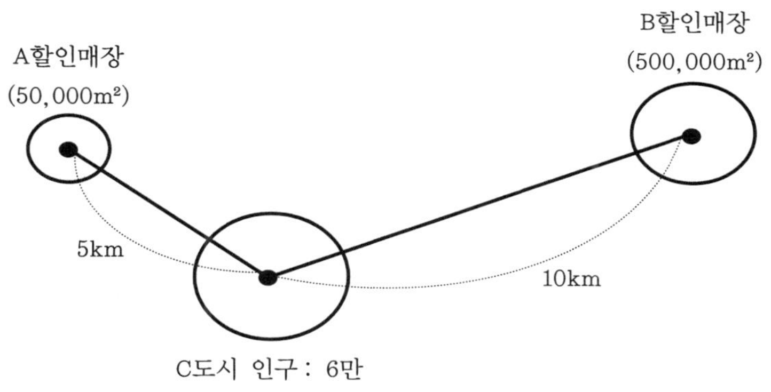

① 5,000명 ② 10,000명 ③ 15,000명
④ 20,000명 ⑤ 25,000명

13. **다음 중 지대이론에 관한 설명 중 틀린 것은?**

① 파레토(V. Pareto)에 의하면, 경제지대는 생산요소의 실제 총수입에서 전용수입을 차감한 값이다.
② 토지 사용에 있어 차액지대와 다르게 준지대는 일시적인 성격이 있다.
③ 차액지대설에 따르면 지대는 경제적 잉여가 아닌 생산비용이다.
④ 어떠한 생산요소가 다른 용도로 전용되지 않기 위하여 요소 공급자에게 지급되어야 하는 최소수준의 지대를 전용수입이라고 한다.
⑤ 입찰지대란 입지잉여가 발생하는 특정입지에 대해 토지이용자가 기꺼이 지불하고자 하는 최대지대를 의미한다.

14. 부동산 시장에 대한 정부의 직접적 개입정책을 고르면?

① 용도지역지구제　② 주택 바우처 제도
③ 재건축부담금제　④ 종합부동산세
⑤ 공공토지비축제도

15. 현재 시행중인 부동산 정책에 대한 설명 중 틀린 것은?

① 도시의 무질서한 확산을 방지하고 도시주변의 자연환경을 보전하기 위하여 개발제한구역을 지정하고 있다.
② 개발이익환수에 관한 법률에 따라 개발이익이란 토지소유자에게 귀속되는 물가 상승률을 초과하는 이득을 의미한다.
③ 최저소득, 저소득계층, 젊은 층, 국가유공자 등을 대상으로 통합공공임대주택이 공급되고 있다.
④ 임대료 보조 정책으로서 주거급여 제도와 주택 바우처(voucher) 제도를 시행중이다.
⑤ 국가나 지방자치단체의 재정이나 주택도시기금의 자금을 지원받아 전세계약의 방식으로 장기전세주택을 공급하고 있다.

16. 다음 분양정책에 대한 내용 중 후분양 정책에 대한 설명으로 옳은 것을 고르면?

ㄱ. 부실시공 및 품질저하에 대처하기 용이하다. ㄴ. 분양권 전매를 통하여 가수요를 창출하여 부동산 시장의 불안을 야기할 수 있다. ㄷ. 준공 전 분양대금의 유입으로 사업자의 초기자금부담을 완화할 수 있다. ㄹ. 공급자 중심의 주택시장을 수요자 중심으로 바꿀 수 있다.

① ㄱ, ㄴ　② ㄱ, ㄷ　③ ㄱ, ㄹ
④ ㄴ, ㄷ　⑤ ㄴ, ㄷ, ㄹ

17. 부동산 조세와 관련된 설명으로 옳은 것은?

① 지가상승에 대한 기대가 퍼져 있는 상황에서 양도소득세가 중과되어 동결효과가 발생하면 지가가 하락한다.
② 수요가 완전탄력적일 경우 재산세 상승분은 전부 임차인에게 귀착된다.
③ 취득세와 양도소득세는 지방세에 해당한다.
④ 토지의 공급곡선이 완전비탄력적인 상황에서는 토지보유세가 부과되더라도 자원배분의 왜곡이 초래되지 않는다.
⑤ 양도소득세와 부가가치세는 지방세에 속한다.

18. 다음과 같은 조건에서 부동산 포트폴리오의 기대수익률이 12%라면, A부동산이 호황일 때의 수익률(ㄱ)은 몇 %인가?(포트폴리오 비중은 A부동산 50%, B부동산 50%임)

경제상황	발생확률	경제상황별 예상수익률	
		A부동산	B부동산
불 황	40%	8%	10%
호 황	60%	(ㄱ)	13%

① 8　② 10　③ 12　④ 14　⑤ 15

19. 화폐의 시간가치에 관한 설명으로 틀린 것은?

① 부동산의 수익이 일정할 때, 할인율이 높아진다면 상업용 부동산의 가치는 높게 평가된다.
② 연금의 미래가치계수와 감채기금계수를 곱하면 1이 된다.
③ 매월말 70만원씩 4년간 들어올 것으로 예상되는 임대료 수입의 현재가치를 계산하려면, 연금의 현가계수를 활용한다.
④ 현재 3억원인 주택가격이 매년 전년대비 5%씩 상승한다고 가정할 때, 6년 후의 주택가격은 일시불의 미래가치계수를 사용하여 산정한다.
⑤ 일시불의 현재가치계수는 할인율이 상승할수록 작아진다.

20. 다음은 투자 예정 부동산의 향후 1년 동안 예상되는 현금흐름이다. 연간 세후현금흐름은?

• 단위 면적당 월 임대료 : 20,000원/m^2 • 임대면적 : 100m^2 • 공실손실상당액 : 임대료의 10% • 영업경비 : 유효총소득의 30% • 부채서비스액 : 연 600만원 • 영업소득세 : 세전현금흐름의 20%

① 6,592,000원　② 7,296,000원
③ 7,890,000원　④ 9,340,000원
⑤ 12,500,000원

21. 부동산 투자와 관련된 설명으로 옳은 것은?

① 실현수익률은 다른 투자의 기회를 포기한다는 점에서 기회비용이라고도 한다.

② 투자자가 대상 부동산을 원하는 시기에 현금화 하지 못할 가능성은 인플레이션 위험에 해당한다.

③ 보수적 예측방법은 투자수익의 추계치를 하향조정함으로써, 미래에 발생할 수 있는 위험을 상당수 제거할 수 있다는 가정에 근거를 두고 있다.

④ 투자자가 위험을 회피할수록 위험과 기대수익률의 관계를 나타낸 투자자의 무차별곡선의 기울기는 완만해진다.

⑤ 금융기관은 인플레이션 위험을 낮추기 위하여 변동금리 대출보다는 고정금리 대출을 선호한다.

22. 투자자 갑은 부동산 구입자금을 마련하기 위하여 4년 동안 매년 연말 5,000원씩을 불입하는 정기적금에 가입하였다. 이 적금의 이자율이 복리로 연 5%라면 4년 후 이 적금의 미래가치는?(단, 십원 이하는 절사한다)

① 21,500원 ② 22,000원 ③ 22,400원
④ 24,500원 ⑤ 25,500원

23. 순소득승수를 구하면?(주어진 조건에 한함)

- 총투자액 : 12억원
- 지분투자액 : 4억원
- 유효총소득승수 : 6
- 영업경비 : 8천만원
- 부채서비스액 : 6천만원/년
- 영업소득세 : 1천만원/년

① 8 ② 10 ③ 12 ④ 14 ⑤ 15

24. 분산투자와 관련된 설명으로 틀린 것을 모두 고르면?

ㄱ. 자산의 수익률이 서로 다른 방향으로 움직이면, 상관계수는 양(+)의 값을 갖는다.
ㄴ. 상관계수가 1보다 작을 경우, 포트폴리오 구성을 통한 위험절감 효과가 나타난다.
ㄷ. 최적 포트폴리오는 투자자의 무차별곡선과 효율적 프론티어의 접점에서 선택된다.
ㄹ. 포트폴리오 자산 간 수익률의 움직임이 유사할수록 분산투자효과가 크다.
ㅁ. 상관계수가 −1일 경우, 두 자산으로 구성된 포트폴리오의 체계적 위험은 완전하게 제거된다.

① ㄴ, ㅁ ② ㄱ, ㄹ ③ ㄱ, ㄷ
④ ㄴ, ㄷ, ㅁ ⑤ ㄱ, ㄹ, ㅁ

25. 대출상환방식에 관한 설명으로 틀린 것은?(단, 다른 조건은 일정하고 주어진 조건에 한함)

① 원리금균등분할상환방식의 총부채상환비율(DTI)은 대출기간 동안 일정하게 유지된다.

② 원금균등상환방식의 원리금상환액은 만기에 가까워질수록 낮아진다.

③ 원리금균등분할상환방식은 만기에 가까워질수록 원리금상환액 중 원금의 비율이 높아진다.

④ 대출조건이 동일하다면 대출기간 동안 차입자의 전체 원리금상환액은 원금균등분할상환방식이 원리금균등분할상환방식보다 크다.

⑤ 점증식분할상환방식은 만기에 가까워질수록 차입자의 원리금상환액이 증가한다.

26. A는 다음의 조건을 가지는 원리금균등분할상환방식의 주택저당대출을 받았다. 10년 뒤 대출잔액은 얼마인가?(주어진 자료에 한함)

- 대출액 : 5억원
- 저당상수(0.5%, 180) : 0.008
- 대출만기 : 15년
- 대출금리 : 연 6%, 고정금리
- 원리금은 매월 말 상환
- 연금현가계수(0.5%, 60) : 51.73
- 연금현가계수(0.5%, 120) : 90.07
- 연금현가계수(0.5%, 180) : 118.50

① 18,262만원 ② 20,692만원 ③ 30,916만원
④ 36,028만원 ⑤ 41,140만원

27. 우리나라의 자산의 유동화에 관련된 설명으로 틀린 것은?

① 자산보유자(양도인)는 유동화자산에 대한 양수인의 반환청구권을 보장해야 한다.

② 유동화전문회사는 상법상 유한회사로 한다.

③ PF의 유동화는 자산유동화에 관한 법령 외에 자본시장과 금융투자업에 관한 법률, 신탁업자, 유동화전문회사 등에 의해 가능하다.

④ 유동화자산의 양도방식은 매매 또는 교환에 의한다.

⑤ 유동화전문회사는 본점 외의 영업소를 설치할 수 없다.

28. 부동산 증권에 대한 설명으로 틀린 것은?

① CMO(다계층채권)는 발행자가 원저당채권을 매입하여 일정한 가공을 통하여 만기와 이자율을 다양하게 구성하여 발행한다.

② 지불이체채권(MPTB)의 투자자는 조기상환위험을 부담한다.

③ 저당담보부채권(MBB)의 투자자는 채무불이행위험을 부담한다.

④ 저당이체증권(MPTS)은 지분형 MBS로서, 유동화기관의 부채로 표기되지 않는다.

⑤ 금융기관은 주택저당증권(MBS)을 통해 BIS자기자본비율을 높일 수 있다.

29. 부동산투자회사법상 기업구조조정 부동산투자회사(REITs)에 관한 설명으로 틀린 것은?

① 주식 소유한도 및 공모에 대한 제한을 받지 않는다.

② 설립 자본금은 3억원 이상으로 한다.

③ 자산의 투자·운용을 자산관리회사에 위탁하여야 한다.

④ 기업이 채권금융기관에 대한 부채 등 채무를 상환하기 위하여 매각하는 부동산에 주로 투자한다.

⑤ 주주를 보호하기 위해서 직원이 준수해야 할 내부통제기준을 제정하여야 한다.

30. 다음 설명을 읽고 (ㄱ)과 (ㄴ)에 부합되는 부동산 개발방식을 고르면?

> ㄱ. 토지소유자가 토지소유권을 유지한 채 개발업자에게 사업시행을 맡기고 개발업자는 사업시행에 따른 수수료를 받는 방식이다.
>
> ㄴ. 사회기반시설의 준공과 동시에 해당 시설의 소유권이 국가 또는 지방자치단체에 귀속되며, 사업시행자에게 일정기간의 시설관리운영권을 인정하되, 그 시설을 국가 또는 지방자치단체 등이 협약에서 정한 기간 동안 임차하여 사용·수익하는 방식

① (ㄱ) 사업위탁방식, (ㄴ) BTO방식

② (ㄱ) 토지신탁방식, (ㄴ) BTL방식

③ (ㄱ) 등가교환방식, (ㄴ) BLT방식

④ (ㄱ) 사업위탁방식, (ㄴ) BTL방식

⑤ (ㄱ) 토지신탁방식, (ㄴ) BOO방식

31. 부동산 개발에 관한 설명으로 틀린 것은?

① 특정 부동산이 가진 경쟁력을 중심으로 해당 부동산이 분양될 수 있는 가능성을 분석하는 것을 시장성 분석이라고 한다.

② 부동산의 소유권이전 없이 단순하게 건물수선 및 유지, 임대차관리 등 제반 부동산 관리업무를 신탁회사가 수행하는 것을 관리신탁이라 한다.

③ 상업지역·공업지역 등에서 도시기능의 회복 및 상권활성화 등을 위하여 도시환경을 개선하기 위한 사업을 재개발이라고 한다.

④ 개발 사업에 있어서 사업자금 조달 또는 상호 기술 보완 등 필요에 따라 법인 간에 컨소시엄을 구성하여 사업을 추진할 수 있다.

⑤ 민감도 분석은 재무적 사업 타당성분석에서 사용했던 주요 변수들의 투입값을 낙관적, 비관적 상황으로 적용하여 수익성을 예측하는 것이다.

32. 부동산 마케팅의 4P MiX전략과 다음 부동산 마케팅 활동의 연결이 옳은 것은?

ㄱ. 아파트 커뮤니티 시설에 영화관 및 고급 카페 라운지 설치 ㄴ. 모바일 애플리케이션(application)을 통해 전세 및 월세 주택 구하기 ㄷ. 시장분석을 통해 위치, 방위, 층, 지역 등에 따라 다른 가격으로 판매 ㄹ. 청약자 대상 경품추첨으로 가전제품 제공

① ㄱ: 제품전략, ㄴ: 판매촉진, ㄷ: 가격, ㄹ: 유통경로
② ㄱ: 제품전략, ㄴ: 유통경로, ㄷ: 가격, ㄹ: 촉진전략
③ ㄱ: 판매촉진, ㄴ: 유통경로, ㄷ: 가격, ㄹ: 제품전략
④ ㄱ: 유통경로, ㄴ: 제품전략, ㄷ: 가격, ㄹ: 촉진전략
⑤ ㄱ: 제품전략, ㄴ: 유통경로, ㄷ: 촉진, ㄹ: 가격전략

33. 부동산 관리에 대한 설명으로 <u>틀린</u> 것은?

① 포트폴리오의 관리 및 분석은 자산관리(Asset)에 해당한다.
② 혼합관리방식은 필요한 부분만 선별하여 위탁하기 때문에 관리의 책임소재가 불분명해지는 단점이 있다.
③ 임차 부동산에서 발생하는 총수입(매상고)의 일정비율을 임대료로 지불한다면, 이는 임대차의 유형 중 비율임대차에 해당한다.
④ 경제적 측면의 부동산 관리는 대상 부동산의 물리적·기능적 하자의 유무를 판단하여 필요한 조치를 취하는 것이다.
⑤ 토지의 경계를 확인하기 위한 경계측량을 실시하는 등의 관리는 기술적 측면의 관리에 속한다.

34. 감정평가 3방식 및 시산가액 조정에 관한 설명으로 <u>틀린</u> 것은?

① 감정평가 3방식에 의하여 도출된 각각의 가액을 최종 평가액이라고 한다.
② 감정평가 3방식은 비용성, 시장성, 수익성에 기초하고 있다.
③ 감정평가에 관한 규칙에서는 시산가액 조정에 대하여 규정하고 있다.
④ 시산가액 조정은 각 시산가액을 상호 관련시켜 재검토함으로써 시산가액 상호간의 격차를 합리적으로 조정하는 작업이다.
⑤ 시산가액 조정은 자료의 양 및 정확성, 적절성 등을 고려하여 가중치를 두어 결정한다.

35. 원가법에 의한 공장건물의 적산가액은?

• 대상건물 현황: 철근콘크리트조, 단독주택, 연면적 200m² • 사용승인일: 2023.10.28. • 기준시점: 2025.10.28. • 사용승인일 신축공사비: 1,000,000원/m² • 건축비지수 　– 2023년 10월: 100 　– 2025년 10월: 110 • 전년대비 잔가율: 90% • 감가수정방법은 정률법을 적용함

① 13,268만원　② 16,692만원　③ 17,820만원
④ 18,240만원　⑤ 19,140만원

36. 자본환원율에 관한 설명으로 <u>틀린</u> 것은?

① 해당 부동산의 순영업소득에 자산가치를 곱하여 산정한 값이다.
② 상업용 부동산의 경우 경제 상황이 불안정하거나 시장상황이 불확실하다면 그 부동산의 자본환원율은 높아질 수 있다.
③ 투자 부동산에 대한 자산가격 상승에 대한 투자자들의 기대를 반영한다.
④ 투자자본의 기회비용이 반영되며, 시장금리가 상승하면 환원율이 상승한다.
⑤ 자본환원율이 상승하면 투자가치는 낮아진다.

37. 감정평가에 관한 규칙상의 용어의 정의로 옳은 것은?

① 적산법이란 대상 물건의 재조달원가에 감가수정을 하여 대상물건의 가액을 산정하는 감정평가방법을 말한다.
② 유사지역이란 대상 부동산이 속한 지역으로서 부동산의 이용이 동질적이고 가치형성요인 중 지역요인을 공유하는 지역을 의미한다.
③ 둘 이상의 대상 물건이 일체로 거래되거나 대상 물건 상호간에 용도상 불가분의 관계가 있는 경우에는 구분평가하는 것이 원칙이다.
④ 집합건물의 소유 및 관리에 관한 법률에 따른 구분소유권의 대상이 되는 건물부분과 그 대지사용권을 일괄하여 감정평가하는 경우 거래사례비교법을 주된 평가방법으로 적용한다.
⑤ 거래사례기준법이란 대상 물건과 가치형성요인이 같거나 비슷한 물건의 거래사례와 비교하여 대상 물건의 현황에 맞게 사정보정, 시점수정, 가치형성요인 비교 등의 과정을 거쳐 대상 물건의 가액을 산정하는 감정평가방법을 말한다.

38. **부동산 가격공시에 관한 법령에 규정된 내용으로 틀린 것은?**

① 표준주택가격의 공시사항에는 표준주택의 용도, 연면적, 구조 및 사용승인일, 표준주택의 대지면적 및 형상이 포함된다.

② 표준공동주택가격은 개별공동주택가격을 산정하는 경우에 그 기준이 된다.

③ 표준주택가격을 평가하는 경우에 전세권 그 밖의 주택의 사용·수익을 제한하는 권리가 설정되어 있는 경우에는 당해 권리가 존재하지 아니한 것으로 보고 적정가격을 평가하여야 한다.

④ 개별공시지가는 하나 또는 둘 이상의 표준지공시지가를 기준으로 토지가격비준표를 사용하여 산정한다.

⑤ 표준지의 도로상황은 표준지공시지가의 공시사항에 포함될 항목이다.

39. **다음은 임대료 감정평가방법의 종류와 산식이다. (　　)에 들어갈 내용으로 옳은 것은?**

- 적산법 : 적산임료 = 기초가액 × (ㄱ) + 필요제경비
- 임대사례비교법 : (ㄴ) = 임대사례의 임대료 × 사정보정치 × 시점수정치 × 지역요인 비교치 × 개별요인비교치
- (ㄷ) : 수익임료 = 순수익 + 필요제경비

① ㄱ : 환원이율, ㄴ : 실질임료, ㄷ : 수익환원법

② ㄱ : 환원이율, ㄴ : 지불임료, ㄷ : 수익분석법

③ ㄱ : 환원이율, ㄴ : 지불임료, ㄷ : 수익환원법

④ ㄱ : 기대이율, ㄴ : 비준임료, ㄷ : 수익환원법

⑤ ㄱ : 기대이율, ㄴ : 비준임료, ㄷ : 수익분석법

40. **공시지가기준법으로 산정한 대상 토지의 가액은 얼마인가?**

- 대상 토지 : A시 B구 C동 350번지, 150m²대(지목), 주상용(이용상황), 제2종일반주거지역(용도지역)
- 기준시점 : 2025.10.26.
- 거래사례 : A시 B구 C동 340번지, 200m², 대(지목), 주상용(이용상황), 제2종일반주거지역(용도지역)
- 거래가격 : 600,000,000원
- 거래시점 : 2025.06.01.
- 사정보정치 : 0.8
- 지가변동률(A시 B구, 2025.06.01.~2025.10.26.) : 주거지역 5% 상승, 상업지역 4% 상승
- 지역요인 : 거래사례와 동일
- 개별요인 : 거래사례에 비해 6% 열세
- 상승식으로 계산

① 3억 1,232만원　② 3억 2,210만원　③ 3억 5,532만원

④ 3억 6,215만원　⑤ 3억 8,552만원

2025년도 제36회 시험대비 THE LAST 모의고사
이영섭 부동산학개론

회차	문제수	시험과목
1회	40	부동산학개론

수험번호		성명	

【정답 및 해설】

박문각은 여러분의 제36회 공인중개사 시험 합격을 진심으로 응원합니다!

박문각 공인중개사

부동산학개론

1. ④	2. ③	3. ①	4. ②	5. ⑤	6. ②	7. ④	8. ⑤
9. ③	10. ①	11. ④	12. ①	13. ②	14. ⑤	15. ③	16. ④
17. ①	18. ②	19. ③	20. ③	21. ①	22. ④	23. ⑤	24. ②
25. ⑤	26. ①	27. ②	28. ⑤	29. ③	30. ④	31. ③	32. ①
33. ②	34. ④	35. ⑤	36. ③	37. ②	38. ⑤	39. ①	40. ④

1. ④ Key word **부동산의 특성** 난이도 下

① 영속성으로 인하여 토지에는 물리적 감가가 발생하지 않으며, 경제적 감가는 발생한다.
② 부증성으로 인해 토지의 물리적 공급은 완전비탄력적이 되며, 공급곡선은 수직선이 된다.
③ 토지는 인위적으로 분할 또는 합병하여 이용할 수 있다.
⑤ 토지는 영속성이 있으므로 관리의 중요성이 높은 편이다.

2. ③ Key word **부동산의 특성** 난이도 下

③ 권원에 의하여 타인의 토지에서 재배중인 물건은 토지와 서로 다른 부동산으로 간주된다. (독립정착물)

3. ① Key word **토지관련 용어** 난이도 下

ㄱ. 주거용, 상업용, 공업용: 택지
ㄴ. 가격수준이 비슷: 획지
ㄷ. 건폐율 제한으로 비어있는: 공지
ㄹ. 지가공시: 표준지

4. ② Key word **수요변화요인** 난이도 中

① 해당 부동산 가격의 상승: 곡선상 점의 이동
② 보완재 수요량의 감소: 해당재화 수요감소(좌)
③ 대체재 수요량의 감소: 해당재화 수요증가(우)
④ 보완재 가격의 하락: 해당재화 수요증가(우)
⑤ 대체재 가격의 상승: 해당재화 수요증가(우)

5. ⑤ Key word **균형가격과 균형거래량의 계산** 난이도 中

1) 단기: $500 = 800 - \frac{1}{2}P$
$\frac{1}{2}P = 300$이고, $P = 600$
양(Q)은 어차피 500으로 고정, $Q = 500$
단기시장: $P = 600$, $Q = 500$

2) 장기: $P + 200 = 800 - \frac{1}{2}P$
각 변에 2를 곱하여 식을 정리하면,
$2P + 400 = 1,600 - P$이고
$3P = 1,200$이므로, $P = 400$이고
$P = 400$을 대입하면 $Q = 400 + 200 = 600$
장기시장: $P = 400$, $Q = 600$

3) 정답: 가격은 600에서 400으로 200 하락
양은 500에서 600으로 100 증가

6. ② Key word **균형의 이동** 난이도 中

① 수요증가 〈 공급증가: 가격 하락, 양 증가
② 건축원자재의 가격이 하락
→ 공급증가
→ 균형가격 하락, 균형거래량 증가
③ 공급이 완전탄력적, 수요가 증가
→ 균형가격 불변, 균형거래량 증가
④ 공급이 완전비탄력적인 경우, 수요가 증가
→ 균형가격 상승, 균형거래량 불변한다.
⑤ 공급의 감소폭 〉 수요의 감소폭
→ 균형가격 상승, 균형거래량 감소한다.

7. ④ Key word **가격탄력성, 소득탄력성, 교차탄력성** 난이도 上

가	소	교	전 체
0.6	0.5	0.4	
10↓	10↓	10↓	
+6	−5	−4	−3

8. ⑤ Key word **부동산 경기변동** 난이도 下

① 6.28 부동산 대책: 불규칙 변동
② 불황 속 물가상승: 스테그플레이션
③ 하락국면: 기준가격 상한선
④ 일정하지 않고, 동일하지 않음

9. ③ Key word **지대이론** 난이도 中

③ 헤이그에 따르면 마찰비용은 교통비와 지대의 합으로 구성되며, 교통비가 증가할수록 지대는 감소한다. (반비례 관계)

10. ① Key word **레일리의 소매인력법칙** 난이도 中

1) A유인력 $= \frac{80,000}{4^2} = 5,000$

2) B유인력 $= \frac{100,000}{5^2} = 4,000$

3) A : B = 5 : 4 = 10억 : 8억

11. ④ Key word **컨버스의 분기점 모형** 난이도 中

1. 공식
→ A~ 분기점: $\frac{15km}{1+\sqrt{\frac{6만}{24만}}} = \frac{15km}{1.5} = 10km$

2. 또 다른 요령
1) 작은 도시 선택: B [B로부터의 거리]
2) A~B 사이의 거리: 15km
3) 3 또는 4로 나누어 딱 떨어지는 수치 산정 → $\frac{15km}{3} = 5km$
4) B로부터 5km이며, A로부터는 10km

12. ① **Key word 입지이론** 난이도 上

① 옳은 것은 ㄷ이다.
ㄱ. 배후지란 중심지에 의해 재화와 서비스를 제공받는 지역을 의미한다.
ㄴ. 시간거리, 효용 등은 레일리가 아닌 허프에 관한 설명이다.
ㄹ. 집재성(集在性) 점포란 모여 있는 게 유리한 유형의 점포이고, 도심 입지가 유리한 유형의 점포를 집심성 점포라고 한다.

13. ② **Key word 도시내부구조이론** 난이도 下

② 동심원이론에 따르면 점이지대는 중심업무지구 주변으로 형성되며, 도심 안쪽에 형성되는 불량주택지대이다.

14. ⑤ **Key word 부동산 조세구분** 난이도 中

1) 국세 : ㄴ, ㄷ, ㄹ, ㅂ, ㅅ
2) 지방세 : ㄱ, ㅁ, ㅇ

15. ③ **Key word 부동산 정책과 법률** 난이도 中

ㄱ. 토지거래허가구역의 지정
「부동산 거래신고 등에 관한 법률」
ㄹ. 개발부담금제
「개발이익환수에 관한 법률」

16. ④ **Key word 부동산 정책** 난이도 中

① 전월세상한제는 직접적 개입방식이고, 개발부담금제도는 간접적 개입정책이다.
② PIR(Price to Income Ratio)이 높을수록 가구의 주거비 부담이 높아지고, 부담능력은 낮아진다.
③ 택지소유상한제는 현재 미실시되고 있다.
⑤ 부동산 정책이 자원배분의 비효율성을 오히려 악화시키는 것을 정부실패라고 한다.

17. ① **Key word 부동산 정책** 난이도 中

ㄷ. 건축법령상 숙박시설 중 생활숙박시설은 주택법령상 준주택에 해당하지 않는다.
ㄹ. 전월세상한제는 주택시장에서 과잉수요(초과수요)를 초래할 수 있다.

18. ② **Key word 부동산 정책** 난이도 中

① 택지개발, 단지개발, 산업입지의 개발, 민자유치사업 등은 모두 신규개발에 해당한다.
③ 개발이익환수제(1989년)가 종합부동산세(2005년)보다 먼저 도입되었다.
④ 농업·임업·축산업 등 생산활동 보호를 위해 생산녹지지역을 지정한다. 해당 지문은 보전녹지지역에 대한 설명이다.
⑤ 자연환경보전지역은 도시지역 내에서 지정하는 것이 아니라 비도시지역에서 지정된다. (중복지정 불가)

19. ③ **Key word 요구수익률** 난이도 上

1) 요구수익률 = 무위험률 + 위험할증률
2) 자본시장의 이자율 = 무위험률 = 8%
3) 부동산 위험과 유동성 제약 = 3% (+)할증
4) 매년 4%씩 가격상승 = 4% (−)할인
⇨ 집값이 오르는 것은 위험이 낮아지는 요인
5) 요구수익률 = 8% + 3% − 4% = 7%

20. ③ **Key word 부동산 투자** 난이도 中

ㄱ. 타당성이 있다고 판단한다.
ㄹ. 표준편차를 수익률로 나누어 산정한다.

21. ① **Key word 대부비율** 난이도 上

1) 대부비율 $= \dfrac{\text{융자액}}{\text{총투자액}}$
2) 총투자액 = 부동산가치 = 10억원
3) 부채감당률 $= \dfrac{\text{순영업소득}}{\text{부채서비스액}} = \dfrac{4{,}500\text{만원}}{x} = 1.5$
부채서비스액(x) = 3,000만원
4) 융자액 × 0.1(저당상수) = 3,000만원
⇨ 융자액 = 3억원
5) 대부비율 $= \dfrac{3\text{억원}}{10\text{억원}} = 30\%$

22. ④ **Key word 부동산 투자분석** 난이도 下

① 감채기금계수에 대한 설명이다.
② 잔금비율은 저당대출액에 대한 미상환된 원금의 비율을 의미한다.
③ 저당상수에 대한 설명이다.
⑤ 순소득승수법은 화폐의 시간가치를 고려하지 않는다.

23. ⑤ **Key word 부동산 투자분석기법** 난이도 中

⑤ 요구수익률을 산정할 때는 투자안의 위험을 평가한 후에 이루어진다. 요구수익률을 산정할 때에는 투자기간의 결정 및 현금수지에 대한 예측 이후에 이루어져야 한다.

24. ② **Key word 비율분석법** 난이도 上

가능총소득	1억원
공실, 대손충당	× 0.8
= 유효총소득	8,000만원
영업경비	1억원 × 50% = 5,000만원
= 순영업소득	3,000만원

부채감당률	$\dfrac{\text{순영업소득}}{\text{부채서비스액}} = \dfrac{3{,}000}{2{,}000} = 1.5$
채무불이행률	$\dfrac{\text{경비}+\text{부채}}{\text{유효}} = \dfrac{5{,}000+2{,}000}{8{,}000} = 0.875$
총부채상환비율	$\dfrac{\text{상환액}(D)}{\text{소득}(I)} = \dfrac{2{,}000\text{만}}{6{,}000\text{만}} = 33.3\%$
부채비율	$\dfrac{\text{융자액}}{\text{지분}} = \dfrac{2\text{억}}{3\text{억}} = 0.666 = 66.6\%$
영업경비비율	$\dfrac{\text{경비}}{\text{유효}} = \dfrac{5{,}000}{8{,}000} = 0.625 = 62.5\%$

25. ⑤ Key word **금융의 상환방식** 난이도 中

① 만기일시상환방식은 만기 때까지 원금상환이 이루어지지 않기에 매월 내는 이자는 일정하다.
② 원금균등분할상환방식은 원리금균등분할상환방식에 비해 대출 초기에 대출 원리금의 지급액이 더 큰 편이다.
③ 원리금균등분할상환방식은 매기의 대출원리금이 동일하고, 대출 초기에는 원금상환 부분이 작고 이자지급 부분이 크다.
④ 점증상환방식은 만기일시상환방식에 비해 대출금융기관의 이자수입이 낮은 편이다.

26. ① Key word **부동산투자회사** 난이도 上

① 부동산투자회사는 부동산 등 자산의 운용에 관하여 회계처리를 할 때에는 금융위원회가 정한 기준에 따라야 한다.

27. ② Key word **부동산 금융** 난이도 上

ㄴ. 조인트벤처(joint venture)는 지분금융 방식이다.
ㄷ. 공인회계사는 자산운용인력이 될 수 없다.

28. ⑤ Key word **프로젝트 금융** 난이도 下

⑤ 프로젝트 파이낸싱은 기업 전체의 자산 또는 신용을 바탕으로 하지 않고, 미래의 현금흐름 및 수익성을 기반으로 자금을 조달한다. 또한 기업의 수익으로 원리금을 상환하거나 수익을 배당하는 방식이 아니라 프로젝트 자체의 수익을 기반으로 부채를 상환한다.

29. ③ Key word **자산의 유동화** 난이도 極上

③ 자산담보부기업어음(ABCP)은 자산유동화증권(ABS)보다 자금조달 비용이 낮으며 만기가 짧은 특징이 있다.

30. ④ Key word **최대 융자액의 산정** 난이도 中

기존규제	신규대출조건
LTV 50% 3억 × 50% = 1.5억	LTV 60% 3억 × 60% = 1.8억
DTI 40% 3천 × 40% = 1,200만 1,200만 ÷ 0.1 = 1.2억	DTI 50% 3천 × 50% = 1,500만 1,500만 ÷ 0.1 = 1.5억
낮은 금액 = 1.2억	낮은 금액 = 1.5억
기존부채 = 3,000만	기존부채 = 3,000만
대출가능액 = 9,000만원	**대출가능액 = 1.2억원**

31. ③ Key word **부동산개발방식** 난이도 下

③ 공사대금을 완공된 일부의 건물로 변제하는 방식을 등가교환(대물변제)방식이라고 한다.

32. ① Key word **건물의 관리방식** 난이도 下

② 혼합관리방식은 위탁관리방식에 비해 문제발생시 책임소재가 명확히 구분되지 않다는 문제점이 있다.
③ 자기관리방식은 관리업무의 타성(惰性)을 방지하기 어렵다는 단점이 있다. 관리업무의 타성을 방지하기 위해서는 위탁관리가 유리하다.
④ 위탁관리방식은 기밀 및 보안 유지에 불리하다는 단점이 있다.
⑤ 대형건물의 전문관리를 위해서는 위탁관리방식이 유리하다.

33. ② Key word **신탁방식** 난이도 下

② 담보대출에서 활용하는 담보신탁방식에 대한 설명이다.

34. ④ Key word **부동산마케팅** 난이도 中

① STP에는 판매촉진(Promotion)이 아닌 포지셔닝(positioning)이 포함된다.
② 마케팅 믹스에서의 4P는 유통경로(Place), 제품(Product), 가격(Price), 판매촉진(promotion)를 의미한다.
③ 시장점유마케팅이 아닌 관계마케팅에 대한 설명이다.
⑤ 관계마케팅 전략이 아닌 고객점유마케팅에 대한 설명이다.

35. ⑤ Key word **가격제원칙** 난이도 下

⑤ 균형의 원칙에 따르면 부동산의 가격이 내부적 구성요소에 의해 긍정적 또는 부정적 영향을 받아 형성된다.

36. ③ Key word **가격제원칙** 난이도 下

③ 감정평가법인등은 과수원을 감정평가할 때에 거래사례비교법을 적용한다.

37. ② Key word **공시지가기준법** 난이도 上

1) 표준지 : 1,000만원
2) 지가변동률 : 3% 하락(0.97)
3) 개별요인 : 5% 열세(0.95), 4% 우세(1.04)
4) 그 밖의 보정 : 40%(1.4)
5) 1,000 × 0.97 × 0.95 × 1.04 × 1.4 = 1,341만원

38. ⑤ Key word **수익환원법** 난이도 極上

⑤ 상각 전 환원율은 감가상각비를 포함한 순수익을 기준으로 자산의 가치를 환산하는 방식이다.

39. ① Key word **환원이율** 난이도 上

가능총소득	1억원
공실처리	× 0.9
유효총소득	= 9,000만원
−영업경비	경비 : 800 + 700 + 500 = 2,000만원 **영업소득세, 개인업무비 불포함**
순영업소득	7,000만원
부채감당률	7,000만 ÷ 4,000만 = 1.75
저당상수	0.177
대부비율	40% = 0.4
환원이율	저당상수 × 부채감당률 × 대부비율
환원이율	0.177 × 1.75 × 0.4 = 0.1239

40. ④ Key word **부동산 가격공시제도** 난이도 中

① 표준주택은 단독주택 중에서만 선정한다.
② 국토교통부장관이 공동주택가격을 조사・산정한다.
③ 시장・군수・구청장은 공시기준일 이후에 분할・합병 등이 발생한 토지에 대하여는 대통령령으로 정하는 날을 기준으로 하여 개별공시지가를 결정・공시하여야 한다.
⑤ 시장・군수・구청장은 표준지로 선정된 토지에 대해서는 개별공시지가를 결정・공시하지 아니할 수 있다.

2025년도 제36회 시험대비 THE LAST 모의고사

이영섭 부동산학개론

회차	문제수	시험과목
2회	40	부동산학개론

수험번호		성명	

【정답 및 해설】

박문각은 여러분의 제36회 공인중개사 시험 합격을 진심으로 응원합니다!

박문각 공인중개사

부동산학개론

1. ②	2. ①	3. ②	4. ④	5. ⑤	6. ②	7. ④	8. ①
9. ⑤	10. ③	11. ④	12. ①	13. ②	14. ⑤	15. ③	16. ④
17. ①	18. ②	19. ③	20. ③	21. ①	22. ④	23. ⑤	24. ②
25. ③	26. ①	27. ②	28. ⑤	29. ③	30. ④	31. ③	32. ②
33. ①	34. ④	35. ⑤	36. ③	37. ②	38. ⑤	39. ①	40. ④

1. ② Key word **부동산의 개념(복합개념)** 난이도 下

① 준부동산은 부동산과 유사한 공시방법을 갖춤으로써 광의의 부동산에 포함된다.
③ 자연으로서의 부동산은 경제적 개념이 아닌 기술적 개념의 부동산에 속한다.
④ 토지는 생산재와 소비재의 성격을 모두 갖추고 있다.
⑤ 물리적 측면이 아닌 경제적 측면에 대한 내용이다.

2. ① Key word **부동산의 특성** 난이도 下

ㄱ. 부동산과 동산이 구분되는 것에 대한 근거가 되는 특성은 부동성이다.
ㄴ. 일물일가 법칙의 적용이 배제되며 토지의 완전한 대체관계가 제약되는 것은 개별성과 관련이 있다.
ㄷ. 장기투자를 통해 자본이득과 소득이득을 얻을 수 있는 것은 영속성과 관련이 있다.
ㄹ. 토지의 소유 욕구가 증대되는 것은 부증성과 관련이 있다.

3. ② Key word **부동산의 분류** 난이도 下

② 택지가 아닌 필지에 대한 설명이다.

4. ④ Key word **가격탄력성, 교차탄력성 계산** 난이도 上

+8(다)	−5(빌)	−6(아)
	+10(아)	

① 가격탄력성 = $\left|\frac{-6}{+10}\right|$ = 0.6(절댓값)
② 아파트와 빌라 + , − 반대 : 보완재
③ 아파트와 다세대 : $\frac{+8}{+10}$ = 0.8
④ 아파트의 가격탄력성 0.6 : 비탄력
⑤ 아파트와 다세대 : 같은 방향 : 대체재

5. ⑤ Key word **수요와 공급의 가격탄력성** 난이도 中

⑤ 공급의 가격탄력성이 수요의 가격탄력성보다 큰 경우 공급자의 조세부담은 낮아지고, 상대적으로 수요자의 부담이 더 커진다.

6. ② Key word **균형가격의 형성** 난이도 上

1. 개별수요함수를 시장수요함수로 고치는 방법
   1) 기울기를 배수로 나누면 된다.
   2) 개별 P = 400 − 4Qd에서 4배로 증가하였으므로
   3) 시장 P = 400 − $\frac{4}{4}$Qm, 즉 P = 400 − Qm이 된다.
2. 균형가격의 산정
   1) P = 400 − Qm과 P = 40 + 2Qs를 같다고 놓는다.
   2) 400 − Q = 40 + 2Q에서
   3) 360 = 3Q이므로 Q(균형량) = 120이 되고
   4) Q = 120을 1)의 식에 대입하면 P = 400 − 120이 되므로, P = 280이 된다.

7. ④ Key word **부동산 수요와 공급의 변화** 난이도 中

④ 주택의 수요와 공급이 모두 증가하게 되면 균형가격은 그 변화를 알 수 없으나, 균형거래량은 증가한다.

8. ① Key word **거미집이론** 난이도 中

- 수요의 가격탄력성 〈 공급의 가격탄력성
  → (ㄱ) 공급의 탄력성이 크므로 발산형
- 수요 기울기 〈 공급 기울기(절대값 비교)
  → (ㄴ) 공급 기울기가 크므로 수렴형
- 수요함수 4P = 500 − 3Qd → 기울기 절댓값 : $\frac{3}{4}$

  공급함수 Qs = 300 + $\frac{4}{3}$P → 기울기 절댓값 : $\frac{3}{4}$

  (ㄷ) 기울기가 동일하므로 순환형

9. ⑤ Key word **주택시장** 난이도 下

⑤ 주택의 하향여과과정이 원활하게 작동하면 저가주택의 공급량이 증가한다.

10. ③ Key word **지대이론** 난이도 中

③ 옳은 것은 ㄱ, ㄷ, ㄹ이다.
ㄴ. 토지소유자의 희생과 노력 없이 공공에 의해 발생되는 지대를 공공발생지대라고 한다. 절대지대는 토지소유자의 배타적인 소유에 의해서 발생한다.

11. ④ Key word **베버의 공업입지론** 난이도 中

ㄷ. 등비용선은 노동비 부담액이 동일한 지점이 아니라 수송비가 동일한 지점을 연결한 선이다.
ㄹ. 원료지수가 1보다 클 경우 원료지향형 입지가 유리하다.

12. ① Key word **입지 및 상권이론** 난이도 中

② 컨버스(P. Converse)가 레일리(W. Reilly)의 이론을 응용하여 분기점 모형을 산정하였다.
③ 크리스탈러(W. Christaller)의 중심지이론에 따르면 최소요구범위가 재화의 도달범위 내에 있어야 중심지가 성립한다.
④ 허프의 유인력은 매장의 크기에 비례하고, 매장까지의 거리의 마찰계수승에 반비례한다.
⑤ 레일리(W. Reilly)에 따르면 A도시가 B도시보다 크다면 상권의 경계는 규모가 작은 B도시 쪽에 더 가깝게 결정된다.

13. ② Key word **정보의 현재가치** 난이도 中

차 액	13.5 − 6.24 = 7.26억원
할 인	÷ 0.1 ÷ 0.1 = 6억원
안 될	6억원 × 60% = 3.6억원

② 투자자가 해당 정보비용으로 3억원을 지출하였다면, 투자자의 손익은 3억 6,000만원 − 3억원 = 6,000만원이 된다.

14. ⑤ Key word **도시내부구조이론** 난이도 下

⑤ 해당 설명은 해리스와 울만의 다핵심이론에 대한 설명이다.

15. ③ Key word **부동산 투기억제 제도** 난이도 中

①, ②, ⑤는 현재 시행되지 않고 있는 제도이고,
④ 토지적성평가는 투기억제대책이 아니다.

16. ④ Key word **주거정책** 난이도 下

④ 옳은 것은 ㄴ, ㄷ, ㄹ이다.
ㄱ. 총부채원리금상환비율(DSR)은 정부의 주택시장에 대한 간접적 개입이다.

17. ① Key word **조세정책** 난이도 中

① 재산세는 원칙적으로 신고납부가 아닌 보통징수방식이다. 보통징수는 납세자가 신고하지 않아도 과세관청이 직접 세액을 결정하여 납세고지서를 발급하는 방식을 의미한다.

18. ② Key word **부동산 정책** 난이도 下

② 부동산거래신고는 거래당사자가 매매계약을 체결한 경우 계약체결일로부터 30일 이내에 신고하는 제도이다.

19. ③ Key word **부동산 정책** 난이도 上

ㄷ. 재건축부담금은 도시 및 주거환경정비법에 의해 시행되는 것이 아니라, 재건축초과이익환수에 관한 법률에 따라 시행중이다.
ㄹ. 기존주택매입임대주택이 아니라 기존주택전세임대주택에 대한 설명이다.
ㅁ. 공공지원민간임대주택은 공공주택 특별법이 아닌 민간임대주택특별법에 따라 시행중이다.

20. ③ Key word **자기자본수익률의 변화** 난이도 上

1) 총수입 = 8,000만원 + 10억원 × 4% = 1억 2,000만원

LTV 40%		LTV 60%	
융자 : 4억, 지분 : 6억		융자 : 6억, 지분 : 4억	
1.2억	4억 × 6%	1.2억	6억 × 6%
6억		4억	
(1.2 − 0.24) / 6 = 0.16 = 16%		(1.2 − 0.36) / 4 = 0.21 = 21%	

전체적으로 **5% 증가**

21. ① Key word **재무비율과 승수** 난이도 上

ㄱ. 대부비율이 40%일 경우에는 부채비율이 66.6%가 된다.
ㄹ. 세후현금흐름승수는 지분투자액을 세후현금흐름으로 나눈 값이다.
ㅁ. 지분투자수익률은 세전현금흐름을 지분투자액으로 나눈 비율이다.

22. ④ Key word **투자수익률과 위험** 난이도 下

④ 예금금리와 같은 무위험률이 상승하면 투자자의 요구수익률은 높아진다.

23. ⑤ Key word **순영업소득의 산정** 난이도 上

구 분	1년차	2년차	3년차
유효총소득 [연간 임료]	8,000	8,300	8,600
영업경비	4,000	4,300	4,600
순영업소득	4,000	4,000	4,000
현가계수	× 0.95	× 0.9	× 0.85
	3,800	3,600	3,400
합 계	3,800 + 3,600 + 3,400 = 10,800		

24. ② Key word **할인현금흐름분석법** 난이도 中

② 내부수익률은 투자로부터 기대되는 현금유입의 현재가치와 현금유출의 현재가치를 같게 하는 할인율이다.

25. ③ Key word **포트폴리오** 난이도 下

③ 자산 간의 상관계수가 1일 경우, 포트폴리오 구성을 통한 위험절감효과가 나타나지 않는다.

26. ① Key word **부동산투자분석** 난이도 中

- 미상환저당잔금은 원리금에 (ㄱ : 연금의 현가계수)을 곱하여 산정한다.
- 순매도액에서 미상환저당잔금을 차감하면 (ㄴ : 세전지분복귀액)이 된다.
- 잔금비율과 상환비율의 합은 (ㄷ : 1)이다.

27. ② Key word **원리금균등상환 계산** 난이도 上

1) 금리의 산정

원리금	5억 × 0.09 = 4,500만원
1회 원금	2,000만원
1회 이자	4,500 − 2,000 = 2,500만원
1회 이자	5억 × 금리 = 2,500만원이므로 금리 = 5%

2) 2회차 원금

저당상수	0.09
금리	−0.05
× 융자액	× 5
=1회 원금	0.2
× 1.r	1.05
=2회 원금	= 0.21 = 2,100만원

28. ⑤ Key word **부동산 금융** 난이도 下

⑤ 고정금리 대출에서 시장금리 하락기에 차입자는 기존 대출금을 조기상환하는 것이 유리하다.

29. ③ Key word **부동산 금융** 난이도 極上

① 전환사채(CB)는 메자닌 금융방식이다.
② 자산담보부기업어음(ABCP)은 자산유동화에 관한 법률에 따라, 금융위원회에 발행계획을 등록하여야 한다.
④ 후순위채권은 상환 우선순위가 낮아 위험이 크기 때문에 선순위채권보다 높은 금리로 발행된다.
⑤ 신주인수권부사채(BW)가 아니라 전환사채(CB)에 대한 설명이다.

30. ④ Key word **부동산투자회사(REITs)** 난이도 下

④ 자기관리 부동산투자회사는 상법상의 실체회사인 주식회사로 자산운용 전문인력을 두고 자산의 투자·운용을 직접 수행한다.

31. ③ Key word **부동산 개발분석** 난이도 下

③ 공급된 부동산이 시장에서 일정기간 동안 소비되는 비율을 조사하여 해당 부동산 시장의 추세를 파악하는 분석을 흡수율분석이라고 한다.

32. ② Key word **민간임대주택특별법** 난이도 極上

② 공공지원민간임대주택이 아닌 주택을 취득하여 임대

33. ① Key word **부동산마케팅** 난이도 下

- 표적시장의 반응을 빠르고 강하게 자극·유인하는 전략을 (ㄱ: 판매촉진(promotion))이라고 한다.
- 일정한 기준에 의해 주택 수요자를 보다 동질적인 소집단으로 구분하는 것을 (ㄴ: 시장세분화(segmentation))전략이라고 한다.
- (ㄷ: 고객점유)전략에서 AIDA의 원리는 주의(Attention)－관심(Interest)－욕망(Desire)－행동(Action)의 과정이다.

34. ④ Key word **민간투자사업방식** 난이도 下

④ 해당 내용은 BTO방식에 대한 설명이다.

35. ⑤ Key word **투자 현금흐름분석** 난이도 中

⑤ 세전현금흐름은 6,400만원이 아닌 6,800만원이다.

가능총소득	2
공실, 대손충당	×0.9
＝유효총소득	1.8 (④)
－영업경비	1.8×40%＝0.72 (①)
＝순영업소득	1.08 (③)
－부채서비스액	0.4
＝세전현금흐름	0.68 (⑤)
(종합)환원이율	40%×3%＋60%×5%＝4.2% (②)

36. ③ Key word **원가방식** 난이도 中

① 비용성에 의한 평가방식으로서 원가법과 적산법으로 구성된다.
② 감가수정은 경제적 내용연수를 기반으로 정액법, 정률법, 상환기금법을 활용한다.
④ 정률법에 의한 감가수정시 매기 감가액이 감소한다.
⑤ 적산법은 기초가액에 기대이율을 곱한 후 필요제경비를 합산하여 임대료를 산정하는 방법이다.

37. ② Key word **감정평가에 관한 규칙** 난이도 中

① 인근지역은 가치형성요인 중 지역요인을 공유하는 지역이다.
③ 공시지가기준법을 적용할 때 비교표준지 공시지가를 기준으로 시점수정, 지역요인 및 개별요인비교, 그 밖의 요인의 보정 과정을 거친다.
④ 기준시점은 대상 물건의 가격조사를 완료한 날짜로 한다.
⑤ 대상 물건의 임대료를 평가할 때는 임대사례비교법에 의함이 원칙이다.

38. ⑤ Key word **공시지가기준법** 난이도 中

⑤ 적정한 실거래가란 거래 시점이 도시지역은 3년 이내, 그 밖의 지역은 5년 이내인 거래가격 중에서 감정평가의 기준으로 적용하기에 적정하다고 판단하는 거래가격을 말한다.

39. ① Key word **공시지가기준법** 난이도 中

1) 표준지: 1,200만원
2) 지가변동률: 5% 상승(1.05)
3) 지역요인: 0.8
4) 개별요인: 5% 우세(1.05), 20% 열세(0.8)
5) 그 밖의 보정: 20% 감액(0.8)
6) 1,200×1.05×0.8×1.05×0.8×0.8＝677.376만원

40. ④ Key word **부동산 가격공시제도** 난이도 中

④ 국토교통부장관은 표준주택가격을 조사·산정하고자 할 때에는 한국부동산원에 의뢰한다.

2025년도 제36회 시험대비 THE LAST 모의고사

이영섭 부동산학개론

회차	문제수	시험과목
3회	40	부동산학개론

수험번호		성명	

【정답 및 해설】

박문각은 여러분의 제36회 공인중개사 시험 합격을 진심으로 응원합니다!

박문각 공인중개사

부동산학개론

1. ⑤	2. ③	3. ④	4. ②	5. ①	6. ①	7. ②	8. ③
9. ⑤	10. ④	11. ⑤	12. ②	13. ③	14. ⑤	15. ②	16. ③
17. ④	18. ⑤	19. ①	20. ②	21. ③	22. ①	23. ②	24. ⑤
25. ④	26. ②	27. ①	28. ③	29. ⑤	30. ④	31. ②	32. ②
33. ④	34. ①	35. ③	36. ①	37. ④	38. ②	39. ⑤	40. ③

1. ⑤ Key word **부동산업의 분류** 난이도 上

① 부동산 투자 및 금융업은 부동산업에 포함되지 않는다.
② 주거용 부동산 관리업과 비주거용 부동산 관리업은 부동산 관련 서비스업에 포함된다.
③ 주거용 건물 건설업은 부동산업에 포함되지 않는다.
④ 부동산 개발 및 공급업은 부동산 임대 및 공급업에 포함된다.

2. ③ Key word **부동산의 분류** 난이도 中

③ 건부감가를 전제한다면, 나지 가격이 건부지보다 높게 평가된다.

3. ④ Key word **토지의 특성** 난이도 下

① 영속성으로 인하여 토지에는 소모를 전제로 하는 재생산이론과 감가상각(감가수정)이론이 적용되지 않는다.
② 토지는 부증성으로 인해 물리적 관점에서 공급을 늘릴 수 없고, 용도적 관점에서 공급을 늘릴 수 있다.
③ 토지의 물리적 공급곡선이 수직선이 되는 것은 부동산의 특성 중 부증성과 관련이 있다.
⑤ 부동성은 토지 시장에서 임장활동이 중시되는 것의 근거가 된다.

4. ② Key word **부동산의 수요와 공급** 난이도 下

② 옳은 것은 ㄷ, ㄹ이다.
ㄱ. 수요량(Qd)은 일정기간에 실제로 구매한 사후적 수량이 아니라, 구매하고자 하는 사전적 수량이다.
ㄴ. 소득의 증가로 인하여 수요량이 변한다면 이는 수요곡선 자체의 변화를 초래한다.

5. ① Key word **수요와 공급의 탄력성** 난이도 中

① 공급이 감소할 때 수요의 가격탄력성이 비탄력적일수록 균형가격은 더 많이 상승하게 된다.

6. ① Key word **부동산 공급** 난이도 中

① 다른 조건이 일정할 때 부동산의 신축 원자재 가격이 상승하면 단기적으로 주택가격은 불변하나, 장기적으로는 주택가격이 상승한다.

7. ② Key word **오피스텔, 빌라의 교차탄력성** 난이도 上

소득탄력성	교차탄력성	전체 양
10↑ ×0.5	5↑ $\times x$	8↑

$5 + 5x = 8$, $5x = 3$이므로 , $x = 0.6$

8. ③ Key word **주택시장의 공급변화요인** 난이도 下

ㄱ. 주택 건설용 주거용지 가격상승 → 공급감소
ㄴ. 주택 건설에 대한 보조금 확대 → 공급증가
ㄷ. 주택 건설업체수의 증가 → 공급증가
ㄹ. 건설기술 개발에 따른 원가절감 → 공급증가
ㅁ. 주택 건설 노동자의 임금상승 → 공급감소

9. ⑤ Key word **효율적 시장이론** 난이도 下

⑤ 강성 효율적 시장에는 모든 정보가 반영되어 있다.

10. ④ Key word **주택시장현상** 난이도 下

ㄱ. 주거분리는 소득에 따라 주거지가 분리되는 현상이다.
ㄴ. 고소득층 주거지와 저소득층 주거지가 인접한 경우, 경계지역 부근의 저소득층 주택은 할증되어 거래된다.

11. ⑤ Key word **입지 및 도시공간구조이론** 난이도 上

ㄱ. 크리스탈러(W. Christaller)가 아닌 넬슨의 소매입지이론에 대한 설명이다.
ㄴ. 허프(D. Huff)에 따르면 전문품점의 경우는 일상용품점보다 마찰계수가 작다.
ㄷ. 버제스(E. Burgess)가 아닌 호이트의 선형이론에 대한 설명이다.
ㄹ. 크리스탈러(W. Christaller)에 따르면 판매자가 정상이윤을 얻는 만큼의 충분한 소비자를 포함하는 경계까지의 최소 거리를 최소요구범위라고 한다.

12. ② Key word **허프의 확률이론** 난이도 上

1) A유인력 $= \dfrac{50,000}{5^1} = 10,000$

2) B유인력 $= \dfrac{500,000}{10^2} = 5,000$

3) B로 갈 확률 $= \dfrac{5,000}{10,000+5,000} = \dfrac{1}{3}$

4) C인구 $60,000 \times 50\% \times \dfrac{1}{3} = 10,000$

13. ③ Key word **지대이론** 난이도 中

③ 차액지대설에 따르면 지대는 경제적 잉여다. (가격에서 생산비를 차감한 값)

14. ⑤ Key word **부동산 정책수단** 난이도 下

용도지역지구제는 직접적 개입이 아닌 토지이용규제에 대한 설명이다. 바우처, 부담금, 종합부동산세는 모두 간접적 개입방식이다.

15. ② Key word **부동산 정책** 난이도 中

② 개발이익환수에 관한 법률에 따라 개발이익이란 토지소유자에게 귀속되는 정상지가상승분을 초과하는 이득(지가상승분)을 의미한다.

16. ③ Key word **부동산 정책** 난이도 下

ㄴ, ㄷ은 선분양제도에 대한 설명이다.

17. ④ Key word 부동산 조세 난이도 中

① 지가상승에 대한 기대가 퍼져 있는 상황에서 양도소득세가 중과되어 동결효과가 발생하면 지가가 상승한다.
② 수요가 완전탄력적일 경우 재산세 상승분은 전부 임대인에게 귀착된다.
③ 취득세는 지방세이고 양도소득세는 국세이다.
⑤ 양도소득세와 부가가치세는 모두 국세이다.

18. ⑤ Key word 포트폴리오 수익률 난이도 上

1) A부동산 : 320 + 60x = A
2) B부동산 : 400 + 780 = 1,180
3) $\frac{A+1,180}{2}$ = 1,200(12%)
4) A + 1,180 = 2,400이므로, A = 1,220
5) 1,220 = 320 + 60x이므로, x = 15%

19. ① Key word 화폐의 시간가치 난이도 中

① 부동산의 수익이 일정할 때, 할인율이 높아진다면 상업용 부동산의 가치는 낮게 평가된다.

20. ② Key word 세후현금흐름 난이도 中

1) 가능총소득 = 20,000 × 12 × 100 = 2,400만원
2) 유효총소득 = 2,400만원 × 0.9 = 2,160만원
3) 순영업소득 = 2,160만원 × 70% = 1,512만원
4) 세전현금흐름 = 1,512만원 − 600만원 = 912만원
5) 세후현금흐름 = 912만원 × 0.8 = 729.6만원

21. ③ Key word 부동산 투자분석 난이도 中

① 실현수익률이 아닌 요구수익률에 대한 설명이다.
② 투자자가 대상 부동산을 원하는 시기에 현금화 하지 못할 가능성은 유동성 위험에 해당한다.
④ 투자자가 위험을 회피할수록 위험과 기대수익률의 관계를 나타낸 투자자의 무차별곡선의 기울기는 급해진다.
⑤ 금융기관은 인플레이션 위험을 낮추기 위하여 고정금리 대출보다는 변동금리 대출을 선호한다.

22. ① Key word 화폐의 시간가치(연금의 내가계수) 난이도 中

공 식	GT 활용
$5,000 \times \frac{(1+0.05)^4-1}{0.05}$ = 약 21,550 : 21,500	5,000 = × 1.05 = × 1.05 = × 1.05 = GT 누름

23. ② Key word 순소득승수 난이도 上

1) 유효총소득승수 × 유효총소득 = 총투자액
 6x = 12억원, x= 유효총소득 = 2억원
2) 순영업소득 = 2억원 − 8,000만원 = 1.2억원
3) 순소득승수 = $\frac{12억원}{1.2억원}$ = 10

24. ⑤ Key word 포트폴리오 이론 난이도 中

ㄱ. 자산의 수익률이 서로 다른 방향으로 움직이면, 상관계수는 음(−)의 값을 갖는다.
ㄹ. 포트폴리오 자산 간 수익률의 움직임이 반대로 움직이면 분산투자 효과가 크다.
ㅁ. 상관계수가 −1이더라도, 두 자산으로 구성된 포트폴리오의 체계적 위험은 제거되지 않는다.

25. ④ Key word 대출상환방식 난이도 中

④ 대출조건이 동일하다면 대출기간 동안 차입자의 전체 원리금상환액은 원금균등분할상환방식이 원리금균등분할상환방식보다 작다.

26. ② Key word 대출잔액계산 난이도 上

1) 잔금 = 원리금 × 연금의 현가계수(남은)
2) 전체 만기 15년, 10년 뒤 잔액 = 남은기간 : 5년
 (6년이므로 월상환기준으로 60개월)
3) 잔금 = 5억원 × 0.008 × 51.73 = 2.0692억원

27. ① Key word 자산유동화증권 난이도 極上

① 자산유동화에 관한 법률에 따르면, 자산보유자(양도인)는 유동화자산에 대한 반환청구권을 가지지 않으며, 양수인 또한 대가의 반환청구권을 가지지 않는다.

28. ③ Key word 부동산 증권 난이도 中

③ 저당담보부채권(MBB)의 투자자는 채무불이행위험을 부담하지 않는다.

29. ⑤ Key word 기업구조조정 부동산투자회사 난이도 下

⑤ 기업구조조정리츠가 아닌 자기관리리츠에 대한 설명이다. 위탁관리리츠에는 직원이 존재하지 않는다.

30. ④ Key word 부동산 개발방식 난이도 中

ㄱ. 소유권 유지, 수수료 : 사업위탁방식
ㄴ. 준공 (B)
 소유권이 국가에 귀속 (T)
 국가 또는 지방자치단체 등이 협약에서 정한 기간 동안 임차하여 사용·수익 (L)

31. ② Key word 부동산 신탁 난이도 中

② 관리신탁은 부동산의 소유권이 이전된 상태로, 신탁회사가 관리를 대행하는 것이다.

32. ② Key word 부동산 마케팅 난이도 中

ㄱ. 시설, 설치 : 제품(product)전략
ㄴ. 모바일 애플리케이션(application) : 유통경로(place) 전략
ㄷ. 위치, 방위, 층, 지역 등에 따라 다른 가격 : (신축)가격전략
ㄹ. 경품 : 촉진전략(promotion)

33. ④ **Key word** **부동산 관리** 난이도 下

④ 경제적 측면이 아닌 물리적 측면의 관리를 의미한다.

34. ① **Key word** **시산가액의 조정** 난이도 中

① 감정평가 3방식에 의하여 도출된 각각의 가액을 최종 평가액이라고 하지 않고, 시산가액이라고 한다.

35. ③ **Key word** **원가법) 적산가액(정률법)** 난이도 上

1) 공사비 : $200m^2 \times 1,000,000$ = 2억원
2) 재조달원가 : 2억원 × 1.1 = 2.2억원
3) 정률법 : 2.2억원 × 0.9 × 0.9 = 1.782억원

36. ① **Key word** **자본환원율** 난이도 中

① 자본환원율은 해당 부동산의 순영업소득을 자산가치로 나누어 산정한 값이다.

37. ④ **Key word** **감정평가에 관한 규칙** 난이도 中

① 적산법이 아닌 원가법에 대한 설명이다.
② 유사지역이 아닌 인근지역에 대한 설명이다.
③ 구분평가가 아닌 일괄평가에 대한 설명이다.
⑤ 거래사례기준법이 아니라, 거래사례비교법에 대한 설명이다.

38. ② **Key word** **부동산 가격공시제도** 난이도 中

② 공동주택은 표준주택과 개별주택이 존재하지 않는다. 표준단독주택가격은 개별단독주택가격을 산정하는 경우 그 기준이 된다.

39. ⑤ **Key word** **임대료의 평가방법** 난이도 下

• (ㄱ) : 적산임료 = 기초가액 × 기대이율 + 필요제경비
• (ㄴ) : 임대사례비교법에 의한 임대료 = 비준임료
• (ㄷ) : 수익임료를 구하는 방법 = 수익분석법

40. ③ **Key word** **공시지가기준법** 난이도 中

1) 사례 : 6억원
2) 면적보정 : $\frac{150}{200}$
3) 사정보정치 : 0.8
4) 지가변동률 : 5% = 1.05
5) 개별요인 : 0.94
6) 비준가액 = 6억 × $\frac{150}{200}$ × 0.8 × 1.05 × 0.94 = 3억 5,532만원

마킹주의	바르게 마킹 : ● 잘 못 마킹 : ⊗, ⊙, ⓥ, ◎, ⦶, ⊖, ◒, ◍

(예 시)

성 명 (필적감정용)
홍 길 동

교시 기재란			
(1)교시	●	②	③
형별 기재란	A형		
	●		

선 택 과 목 1

선 택 과 목 2

수 험 번 호							
0	1	3	2	9	8	0	1
●	⓪	⓪	⓪	⓪	⓪	●	⓪
①	●	①	①	①	①	①	●
②	②	②	●	②	②	②	②
③	③	●	③	③	③	③	③
④	④	④	④	④	④	④	④
⑤	⑤	⑤	⑤	⑤	⑤	⑤	⑤
⑥	⑥	⑥	⑥	⑥	⑥	⑥	⑥
⑦	⑦	⑦	⑦	⑦	⑦	⑦	⑦
⑧	⑧	⑧	⑧	⑧	●	⑧	⑧
⑨	⑨	⑨	⑨	●	⑨	⑨	⑨

감독위원 확인
김 (인) 독

수험자 유의사항

1. 시험 중에는 통신기기(휴대전화 · 소형 무전기 등) 및 전자기기(초소형 카메라 등)를 소지하거나 사용할 수 없습니다.
2. 부정행위 예방을 위해 시험문제지에도 수험번호와 성명을 반드시 기재하시기 바랍니다.
3. **시험시간이 종료되면 즉시 답안작성을 멈춰야** 하며, 종료시간 이후 계속 답안을 작성하거나 감독위원의 답안카드 제출지시에 불응할 때에는 당해 시험이 무효처리 됩니다.
4. 기타 감독위원의 정당한 지시에 불응하여 타 수험자의 시험에 방해가 될 경우 퇴실조치 될 수 있습니다.

답안카드 작성 시 유의사항

1. 답안카드 기재 · 마킹 시에는 **반드시 검은색 사인펜**을 사용해야 합니다.
2. 답안카드를 잘못 작성했을 시에는 카드를 교체하거나 수정테이프를 사용하여 수정할 수 있습니다.
   그러나 불완전한 수정처리로 인해 발생하는 전산자동판독불가 등 불이익은 수험자의 귀책사유입니다.
   - 수정테이프 이외의 수정액, 스티커 등은 사용 불가
   - 답안카드 왼쪽(성명 · 수험번호 등)을 제외한 '답안란'만 수정테이프로 수정 가능
3. 성명란은 수험자 본인의 성명을 정자체로 기재합니다.
4. 교시 기재란은 해당교시를 기재하고 해당 란에 마킹합니다.
5. 시험문제지 형별기재란에 표시된 형별(A형 공통)을 확인합니다.
6. 수험번호란은 숫자로 기재하고 아래 해당번호에 마킹합니다.
7. 시험문제지 형별 및 수험번호 등 마킹착오로 인한 불이익은 전적으로 수험자의 귀책사유입니다.
8. 감독위원의 날인이 없는 답안카드는 무효처리 됩니다.
9. 상단과 우측의 검은색 띠(▌▌▌) 부분은 낙서를 금지합니다.
10. 답안카드의 채점은 전산 판독결과에 따르며, 마킹누락, 마킹착오, 불완전한 마킹 등은 수험자의 귀책사유에 해당하므로 이의제기를 하더라도 받아들여지지 않습니다.

부정행위 처리규정

시험 중 다음과 같은 행위를 하는 자는 당해 시험을 무효처리하고 자격별 관련 규정에 따라 일정기간 동안 시험에 응시할 수 있는 자격을 정지합니다.

1. 시험과 관련된 대화, 답안카드 교환, 다른 수험자의 답안 · 문제지를 보고 답안 작성, 대리시험을 치르거나 치르게 하는 행위, 시험문제 내용과 관련된 물건을 휴대하거나 이를 주고받는 행위
2. 시험장 내외로부터 도움을 받아 답안을 작성하는 행위, 공인어학성적 및 응시자격서류를 허위기재하여 제출하는 행위
3. 통신기기(휴대전화 · 소형 무전기 등) 및 전자기기(초소형 카메라 등)를 휴대하거나 사용하는 행위
4. 다른 수험자와 성명 및 수험번호를 바꾸어 작성 · 제출하는 행위
5. 기타 부정 또는 불공정한 방법으로 시험을 치르는 행위

(　　)년도 (　　　　　　) 제(　　)차 국가전문자격시험 답안카드

성　명 (필적감정용)

교시 기재란			
(　)교시	①	②	③

형별 기재란	A형
	●

선 택 과 목 1

선 택 과 목 2

수 험 번 호							
⓪	⓪	⓪	⓪	⓪	⓪	⓪	⓪
①	①	①	①	①	①	①	①
②	②	②	②	②	②	②	②
③	③	③	③	③	③	③	③
④	④	④	④	④	④	④	④
⑤	⑤	⑤	⑤	⑤	⑤	⑤	⑤
⑥	⑥	⑥	⑥	⑥	⑥	⑥	⑥
⑦	⑦	⑦	⑦	⑦	⑦	⑦	⑦
⑧	⑧	⑧	⑧	⑧	⑧	⑧	⑧
⑨	⑨	⑨	⑨	⑨	⑨	⑨	⑨

감독위원 확인
㊞

1	①②③④⑤	21	①②③④⑤	41	①②③④⑤	61	①②③④⑤	81	①②③④⑤	101	①②③④⑤	121	①②③④⑤
2	①②③④⑤	22	①②③④⑤	42	①②③④⑤	62	①②③④⑤	82	①②③④⑤	102	①②③④⑤	122	①②③④⑤
3	①②③④⑤	23	①②③④⑤	43	①②③④⑤	63	①②③④⑤	83	①②③④⑤	103	①②③④⑤	123	①②③④⑤
4	①②③④⑤	24	①②③④⑤	44	①②③④⑤	64	①②③④⑤	84	①②③④⑤	104	①②③④⑤	124	①②③④⑤
5	①②③④⑤	25	①②③④⑤	45	①②③④⑤	65	①②③④⑤	85	①②③④⑤	105	①②③④⑤	125	①②③④⑤
6	①②③④⑤	26	①②③④⑤	46	①②③④⑤	66	①②③④⑤	86	①②③④⑤	106	①②③④⑤		
7	①②③④⑤	27	①②③④⑤	47	①②③④⑤	67	①②③④⑤	87	①②③④⑤	107	①②③④⑤		
8	①②③④⑤	28	①②③④⑤	48	①②③④⑤	68	①②③④⑤	88	①②③④⑤	108	①②③④⑤		
9	①②③④⑤	29	①②③④⑤	49	①②③④⑤	69	①②③④⑤	89	①②③④⑤	109	①②③④⑤		
10	①②③④⑤	30	①②③④⑤	50	①②③④⑤	70	①②③④⑤	90	①②③④⑤	110	①②③④⑤		
11	①②③④⑤	31	①②③④⑤	51	①②③④⑤	71	①②③④⑤	91	①②③④⑤	111	①②③④⑤		
12	①②③④⑤	32	①②③④⑤	52	①②③④⑤	72	①②③④⑤	92	①②③④⑤	112	①②③④⑤		
13	①②③④⑤	33	①②③④⑤	53	①②③④⑤	73	①②③④⑤	93	①②③④⑤	113	①②③④⑤		
14	①②③④⑤	34	①②③④⑤	54	①②③④⑤	74	①②③④⑤	94	①②③④⑤	114	①②③④⑤		
15	①②③④⑤	35	①②③④⑤	55	①②③④⑤	75	①②③④⑤	95	①②③④⑤	115	①②③④⑤		
16	①②③④⑤	36	①②③④⑤	56	①②③④⑤	76	①②③④⑤	96	①②③④⑤	116	①②③④⑤		
17	①②③④⑤	37	①②③④⑤	57	①②③④⑤	77	①②③④⑤	97	①②③④⑤	117	①②③④⑤		
18	①②③④⑤	38	①②③④⑤	58	①②③④⑤	78	①②③④⑤	98	①②③④⑤	118	①②③④⑤		
19	①②③④⑤	39	①②③④⑤	59	①②③④⑤	79	①②③④⑤	99	①②③④⑤	119	①②③④⑤		
20	①②③④⑤	40	①②③④⑤	60	①②③④⑤	80	①②③④⑤	100	①②③④⑤	120	①②③④⑤		

수험자
여러분의
합격을
기원합니다.

마킹주의	바르게 마킹 : ● 잘 못 마킹 : ⊗, ⊙, ⓥ, ◎, ⦶, ⊖, ◌, ◍

(예 시)

성 명 (필적감정용)
홍 길 동

교시 기재란			
(1)교시	●	②	③
형별 기재란	A형 ●		

선 택 과 목 1

선 택 과 목 2

수험번호							
0	1	3	2	9	8	0	1
●	⓪	⓪	⓪	⓪	⓪	●	⓪
①	●	①	①	①	①	①	●
②	②	②	●	②	②	②	②
③	③	●	③	③	③	③	③
④	④	④	④	④	④	④	④
⑤	⑤	⑤	⑤	⑤	⑤	⑤	⑤
⑥	⑥	⑥	⑥	⑥	⑥	⑥	⑥
⑦	⑦	⑦	⑦	⑦	⑦	⑦	⑦
⑧	⑧	⑧	⑧	⑧	●	⑧	⑧
⑨	⑨	⑨	⑨	●	⑨	⑨	⑨

감독위원 확인
김 (인) 독

수험자 유의사항

1. 시험 중에는 통신기기(휴대전화 · 소형 무전기 등) 및 전자기기(초소형 카메라 등)를 소지하거나 사용할 수 없습니다.
2. 부정행위 예방을 위해 시험문제지에도 수험번호와 성명을 반드시 기재하시기 바랍니다.
3. **시험시간이 종료되면 즉시 답안작성을 멈춰야** 하며, 종료시간 이후 계속 답안을 작성하거나 감독위원의 답안카드 제출지시에 불응할 때에는 당해 시험이 무효처리 됩니다.
4. 기타 감독위원의 정당한 지시에 불응하여 타 수험자의 시험에 방해가 될 경우 퇴실조치 될 수 있습니다.

답안카드 작성 시 유의사항

1. 답안카드 기재 · 마킹 시에는 **반드시 검은색 사인펜**을 사용해야 합니다.
2. 답안카드를 잘못 작성했을 시에는 카드를 교체하거나 수정테이프를 사용하여 수정할 수 있습니다.
   그러나 불완전한 수정처리로 인해 발생하는 전산자동판독불가 등 불이익은 수험자의 귀책사유입니다.
   –수정테이프 이외의 수정액, 스티커 등은 사용 불가
   –답안카드 왼쪽(성명 · 수험번호 등)을 제외한 '답안란'만 수정테이프로 수정 가능
3. 성명란은 수험자 본인의 성명을 정자체로 기재합니다.
4. 교시 기재란은 해당교시를 기재하고 해당 란에 마킹합니다.
5. 시험문제지 형별기재란에 표시된 형별(A형 공통)을 확인합니다.
6. 수험번호란은 숫자로 기재하고 아래 해당번호에 마킹합니다.
7. 시험문제지 형별 및 수험번호 등 마킹착오로 인한 불이익은 전적으로 수험자의 귀책사유입니다.
8. 감독위원의 날인이 없는 답안카드는 무효처리 됩니다.
9. 상단과 우측의 검은색 띠(▌▌▌) 부분은 낙서를 금지합니다.
10. 답안카드의 채점은 전산 판독결과에 따르며, 마킹누락, 마킹착오, 불완전한 마킹 등은 수험자의 귀책사유에 해당하므로 이의제기를 하더라도 받아들여지지 않습니다.

부정행위 처리규정

시험 중 다음과 같은 행위를 하는 자는 당해 시험을 무효처리하고 자격별 관련 규정에 따라 일정기간 동안 시험에 응시할 수 있는 자격을 정지합니다.

1. 시험과 관련된 대화, 답안카드 교환, 다른 수험자의 답안 · 문제지를 보고 답안 작성, 대리시험을 치르거나 치르게 하는 행위, 시험 문제 내용과 관련된 물건을 휴대하거나 이를 주고받는 행위
2. 시험장 내외로부터 도움을 받아 답안을 작성하는 행위, 공인어학성적 및 응시자격서류를 허위기재하여 제출하는 행위
3. 통신기기(휴대전화 · 소형 무전기 등) 및 전자기기(초소형 카메라 등)를 휴대하거나 사용하는 행위
4. 다른 수험자와 성명 및 수험번호를 바꾸어 작성 · 제출하는 행위
5. 기타 부정 또는 불공정한 방법으로 시험을 치르는 행위

(　　)년도 (　　　　　　) 제(　　)차 국가전문자격시험 답안카드

성 명 (필적감정용)

교시 기재란			
(　　)교시	①	②	③
형별 기재란	A형 ●		
선 택 과 목 1			
선 택 과 목 2			

수 험 번 호							
⓪	⓪	⓪	⓪	⓪	⓪	⓪	⓪
①	①	①	①	①	①	①	①
②	②	②	②	②	②	②	②
③	③	③	③	③	③	③	③
④	④	④	④	④	④	④	④
⑤	⑤	⑤	⑤	⑤	⑤	⑤	⑤
⑥	⑥	⑥	⑥	⑥	⑥	⑥	⑥
⑦	⑦	⑦	⑦	⑦	⑦	⑦	⑦
⑧	⑧	⑧	⑧	⑧	⑧	⑧	⑧
⑨	⑨	⑨	⑨	⑨	⑨	⑨	⑨

감독위원 확인
㊞

1	① ② ③ ④ ⑤	21	① ② ③ ④ ⑤	41	① ② ③ ④ ⑤	61	① ② ③ ④ ⑤	81	① ② ③ ④ ⑤	101	① ② ③ ④ ⑤	121	① ② ③ ④ ⑤
2	① ② ③ ④ ⑤	22	① ② ③ ④ ⑤	42	① ② ③ ④ ⑤	62	① ② ③ ④ ⑤	82	① ② ③ ④ ⑤	102	① ② ③ ④ ⑤	122	① ② ③ ④ ⑤
3	① ② ③ ④ ⑤	23	① ② ③ ④ ⑤	43	① ② ③ ④ ⑤	63	① ② ③ ④ ⑤	83	① ② ③ ④ ⑤	103	① ② ③ ④ ⑤	123	① ② ③ ④ ⑤
4	① ② ③ ④ ⑤	24	① ② ③ ④ ⑤	44	① ② ③ ④ ⑤	64	① ② ③ ④ ⑤	84	① ② ③ ④ ⑤	104	① ② ③ ④ ⑤	124	① ② ③ ④ ⑤
5	① ② ③ ④ ⑤	25	① ② ③ ④ ⑤	45	① ② ③ ④ ⑤	65	① ② ③ ④ ⑤	85	① ② ③ ④ ⑤	105	① ② ③ ④ ⑤	125	① ② ③ ④ ⑤
6	① ② ③ ④ ⑤	26	① ② ③ ④ ⑤	46	① ② ③ ④ ⑤	66	① ② ③ ④ ⑤	86	① ② ③ ④ ⑤	106	① ② ③ ④ ⑤		
7	① ② ③ ④ ⑤	27	① ② ③ ④ ⑤	47	① ② ③ ④ ⑤	67	① ② ③ ④ ⑤	87	① ② ③ ④ ⑤	107	① ② ③ ④ ⑤		
8	① ② ③ ④ ⑤	28	① ② ③ ④ ⑤	48	① ② ③ ④ ⑤	68	① ② ③ ④ ⑤	88	① ② ③ ④ ⑤	108	① ② ③ ④ ⑤		
9	① ② ③ ④ ⑤	29	① ② ③ ④ ⑤	49	① ② ③ ④ ⑤	69	① ② ③ ④ ⑤	89	① ② ③ ④ ⑤	109	① ② ③ ④ ⑤		
10	① ② ③ ④ ⑤	30	① ② ③ ④ ⑤	50	① ② ③ ④ ⑤	70	① ② ③ ④ ⑤	90	① ② ③ ④ ⑤	110	① ② ③ ④ ⑤		
11	① ② ③ ④ ⑤	31	① ② ③ ④ ⑤	51	① ② ③ ④ ⑤	71	① ② ③ ④ ⑤	91	① ② ③ ④ ⑤	111	① ② ③ ④ ⑤		
12	① ② ③ ④ ⑤	32	① ② ③ ④ ⑤	52	① ② ③ ④ ⑤	72	① ② ③ ④ ⑤	92	① ② ③ ④ ⑤	112	① ② ③ ④ ⑤		
13	① ② ③ ④ ⑤	33	① ② ③ ④ ⑤	53	① ② ③ ④ ⑤	73	① ② ③ ④ ⑤	93	① ② ③ ④ ⑤	113	① ② ③ ④ ⑤		
14	① ② ③ ④ ⑤	34	① ② ③ ④ ⑤	54	① ② ③ ④ ⑤	74	① ② ③ ④ ⑤	94	① ② ③ ④ ⑤	114	① ② ③ ④ ⑤		
15	① ② ③ ④ ⑤	35	① ② ③ ④ ⑤	55	① ② ③ ④ ⑤	75	① ② ③ ④ ⑤	95	① ② ③ ④ ⑤	115	① ② ③ ④ ⑤		
16	① ② ③ ④ ⑤	36	① ② ③ ④ ⑤	56	① ② ③ ④ ⑤	76	① ② ③ ④ ⑤	96	① ② ③ ④ ⑤	116	① ② ③ ④ ⑤		
17	① ② ③ ④ ⑤	37	① ② ③ ④ ⑤	57	① ② ③ ④ ⑤	77	① ② ③ ④ ⑤	97	① ② ③ ④ ⑤	117	① ② ③ ④ ⑤		
18	① ② ③ ④ ⑤	38	① ② ③ ④ ⑤	58	① ② ③ ④ ⑤	78	① ② ③ ④ ⑤	98	① ② ③ ④ ⑤	118	① ② ③ ④ ⑤		
19	① ② ③ ④ ⑤	39	① ② ③ ④ ⑤	59	① ② ③ ④ ⑤	79	① ② ③ ④ ⑤	99	① ② ③ ④ ⑤	119	① ② ③ ④ ⑤		
20	① ② ③ ④ ⑤	40	① ② ③ ④ ⑤	60	① ② ③ ④ ⑤	80	① ② ③ ④ ⑤	100	① ② ③ ④ ⑤	120	① ② ③ ④ ⑤		

수험자
여러분의
합격을
기원합니다.

마킹주의	바르게 마킹 : ● 잘 못 마킹 : ⊗, ⊙, ⊘, ◎, ⦶, ⊖, ◌, ◍

(예 시)

수험자 유의사항

1. 시험 중에는 통신기기(휴대전화 · 소형 무전기 등) 및 전자기기(초소형 카메라 등)를 소지하거나 사용할 수 없습니다.
2. 부정행위 예방을 위해 시험문제지에도 수험번호와 성명을 반드시 기재하시기 바랍니다.
3. **시험시간이 종료되면 즉시 답안작성을 멈춰야** 하며, 종료시간 이후 계속 답안을 작성하거나 감독위원의 답안카드 제출지시에 불응할 때에는 당해 시험이 무효처리 됩니다.
4. 기타 감독위원의 정당한 지시에 불응하여 타 수험자의 시험에 방해가 될 경우 퇴실조치 될 수 있습니다.

답안카드 작성 시 유의사항

1. 답안카드 기재 · 마킹 시에는 **반드시 검은색 사인펜**을 사용해야 합니다.
2. 답안카드를 잘못 작성했을 시에는 카드를 교체하거나 수정테이프를 사용하여 수정할 수 있습니다.
   그러나 불완전한 수정처리로 인해 발생하는 전산자동판독불가 등 불이익은 수험자의 귀책사유입니다.
   - 수정테이프 이외의 수정액, 스티커 등은 사용 불가
   - 답안카드 왼쪽(성명 · 수험번호 등)을 제외한 '답안란'만 수정테이프로 수정 가능
3. 성명란은 수험자 본인의 성명을 정자체로 기재합니다.
4. 교시 기재란은 해당교시를 기재하고 해당 란에 마킹합니다.
5. 시험문제지 형별기재란에 표시된 형별(A형 공통)을 확인합니다.
6. 수험번호란은 숫자로 기재하고 아래 해당번호에 마킹합니다.
7. 시험문제지 형별 및 수험번호 등 마킹착오로 인한 불이익은 전적으로 수험자의 귀책사유입니다.
8. 감독위원의 날인이 없는 답안카드는 무효처리 됩니다.
9. 상단과 우측의 검은색 띠(▮▮▮) 부분은 낙서를 금지합니다.
10. 답안카드의 채점은 전산 판독결과에 따르며, 마킹누락, 마킹착오, 불완전한 마킹 등은 수험자의 귀책사유에 해당하므로 이의제기를 하더라도 받아들여지지 않습니다.

부정행위 처리규정

시험 중 다음과 같은 행위를 하는 자는 당해 시험을 무효처리하고 자격별 관련 규정에 따라 일정기간 동안 시험에 응시할 수 있는 자격을 정지합니다.

1. 시험과 관련된 대화, 답안카드 교환, 다른 수험자의 답안 · 문제지를 보고 답안 작성, 대리시험을 치르거나 치르게 하는 행위, 시험문제 내용과 관련된 물건을 휴대하거나 이를 주고받는 행위
2. 시험장 내외로부터 도움을 받아 답안을 작성하는 행위, 공인어학성적 및 응시자격서류를 허위기재하여 제출하는 행위
3. 통신기기(휴대전화 · 소형 무전기 등) 및 전자기기(초소형 카메라 등)를 휴대하거나 사용하는 행위
4. 다른 수험자와 성명 및 수험번호를 바꾸어 작성 · 제출하는 행위
5. 기타 부정 또는 불공정한 방법으로 시험을 치르는 행위

성 명 (필적감정용)
홍 길 동

교시 기재란			
(1)교시	●	②	③
형별 기재란	A형 ●		

선 택 과 목 1

선 택 과 목 2

수험번호

0	1	3	2	9	8	0	1
●	⓪	⓪	⓪	⓪	⓪	●	⓪
①	●	①	①	①	①	①	●
②	②	②	●	②	②	②	②
③	③	●	③	③	③	③	③
④	④	④	④	④	④	④	④
⑤	⑤	⑤	⑤	⑤	⑤	⑤	⑤
⑥	⑥	⑥	⑥	⑥	⑥	⑥	⑥
⑦	⑦	⑦	⑦	⑦	⑦	⑦	⑦
⑧	⑧	⑧	⑧	⑧	●	⑧	⑧
⑨	⑨	⑨	⑨	●	⑨	⑨	⑨

감독위원 확인
김 (인) 독

(　　)년도 (　　　　　　) 제(　　)차 국가전문자격시험 답안카드

성　명 (필적감정용)

교시 기재란			
(　)교시	①	②	③

형별 기재란	A형
	●

선택과목 1

선택과목 2

수험번호							
⓪	⓪	⓪	⓪	⓪	⓪	⓪	⓪
①	①	①	①	①	①	①	①
②	②	②	②	②	②	②	②
③	③	③	③	③	③	③	③
④	④	④	④	④	④	④	④
⑤	⑤	⑤	⑤	⑤	⑤	⑤	⑤
⑥	⑥	⑥	⑥	⑥	⑥	⑥	⑥
⑦	⑦	⑦	⑦	⑦	⑦	⑦	⑦
⑧	⑧	⑧	⑧	⑧	⑧	⑧	⑧
⑨	⑨	⑨	⑨	⑨	⑨	⑨	⑨

감독위원 확인
㊞

1	①②③④⑤	21	①②③④⑤	41	①②③④⑤	61	①②③④⑤	81	①②③④⑤	101	①②③④⑤	121	①②③④⑤
2	①②③④⑤	22	①②③④⑤	42	①②③④⑤	62	①②③④⑤	82	①②③④⑤	102	①②③④⑤	122	①②③④⑤
3	①②③④⑤	23	①②③④⑤	43	①②③④⑤	63	①②③④⑤	83	①②③④⑤	103	①②③④⑤	123	①②③④⑤
4	①②③④⑤	24	①②③④⑤	44	①②③④⑤	64	①②③④⑤	84	①②③④⑤	104	①②③④⑤	124	①②③④⑤
5	①②③④⑤	25	①②③④⑤	45	①②③④⑤	65	①②③④⑤	85	①②③④⑤	105	①②③④⑤	125	①②③④⑤
6	①②③④⑤	26	①②③④⑤	46	①②③④⑤	66	①②③④⑤	86	①②③④⑤	106	①②③④⑤		
7	①②③④⑤	27	①②③④⑤	47	①②③④⑤	67	①②③④⑤	87	①②③④⑤	107	①②③④⑤		
8	①②③④⑤	28	①②③④⑤	48	①②③④⑤	68	①②③④⑤	88	①②③④⑤	108	①②③④⑤		
9	①②③④⑤	29	①②③④⑤	49	①②③④⑤	69	①②③④⑤	89	①②③④⑤	109	①②③④⑤		
10	①②③④⑤	30	①②③④⑤	50	①②③④⑤	70	①②③④⑤	90	①②③④⑤	110	①②③④⑤		
11	①②③④⑤	31	①②③④⑤	51	①②③④⑤	71	①②③④⑤	91	①②③④⑤	111	①②③④⑤		
12	①②③④⑤	32	①②③④⑤	52	①②③④⑤	72	①②③④⑤	92	①②③④⑤	112	①②③④⑤		
13	①②③④⑤	33	①②③④⑤	53	①②③④⑤	73	①②③④⑤	93	①②③④⑤	113	①②③④⑤		
14	①②③④⑤	34	①②③④⑤	54	①②③④⑤	74	①②③④⑤	94	①②③④⑤	114	①②③④⑤		
15	①②③④⑤	35	①②③④⑤	55	①②③④⑤	75	①②③④⑤	95	①②③④⑤	115	①②③④⑤		
16	①②③④⑤	36	①②③④⑤	56	①②③④⑤	76	①②③④⑤	96	①②③④⑤	116	①②③④⑤		
17	①②③④⑤	37	①②③④⑤	57	①②③④⑤	77	①②③④⑤	97	①②③④⑤	117	①②③④⑤		
18	①②③④⑤	38	①②③④⑤	58	①②③④⑤	78	①②③④⑤	98	①②③④⑤	118	①②③④⑤		
19	①②③④⑤	39	①②③④⑤	59	①②③④⑤	79	①②③④⑤	99	①②③④⑤	119	①②③④⑤		
20	①②③④⑤	40	①②③④⑤	60	①②③④⑤	80	①②③④⑤	100	①②③④⑤	120	①②③④⑤		

수험자
여러분의
합격을
기원합니다.

박문각 공인중개사